KLASSIKER
DR. OETKER
VERLAG
SEIT 1891

BROT BACKEN

DIE DR. OETKER GELING-GARANTIE

UNSER VERSPRECHEN

Liebe Leser*innen,

mit den Rezepten in unseren Koch- und Backbüchern möchten wir Sie und Ihre Lieben glücklich machen. Zum Glück braucht es den Erfolg, und den kaufen Sie mit jedem Dr. Oetker Buch gleich mit.

Dafür gibt es die Dr. Oetker Geling-Garantie.
Sie ist unser Versprechen, dass alle Rezepte aus diesem Buch ganz einfach und sicher gelingen. Die Geling-Garantie startet schon bei der Zutatenliste: Alle Zutaten, die wir verwenden, sollten Sie leicht in Ihrem Supermarkt vor Ort einkaufen können. Jeder Zubereitungs-Schritt ist klar und einfach nachvollziehbar.

Eine Garantie können wir Ihnen aber auch deshalb mit gutem Gewissen geben, weil alle Rezepte dieses Buches von unserem erfahrenen Team entwickelt wurden. Anschließend haben wir jedes Gericht in einer ganz normalen Küche nachgekocht oder nachgebacken. Immer wieder. So lange, bis wir uns sicher waren, dass es gelingt. Und zwar auch bei Ihnen zu Hause.

Was wir versprechen, halten wir auch. Sollte beim Kochen oder Backen eines unserer Rezepte dennoch etwas danebengehen oder es Ihnen einfach nicht schmecken, dann lassen Sie es uns wissen. Schreiben Sie oder rufen Sie uns an! Wir werden das Rezept nochmals kritisch prüfen und Ihnen helfen herauszufinden, woran es gelegen haben könnte. Sie erreichen uns unter der Telefonnummer +49(0)89/5482515-0.
Oder schreiben Sie uns eine E-Mail unter:
redaktion-oetker@edel.com

Natürlich freuen wir uns aber auch über weitere Rückmeldungen und auch über Lob. Ihre Ideen, Kommentare und Fragen können Sie jederzeit auch über Facebook posten:
www.facebook.com/Dr.OetkerVerlag.
Wir sind für Sie da. Garantiert.

Mit herzlichen Grüßen
Ihre Dr. Oetker Redaktion

INHALT

RATGEBER

ALLGEMEINE HINWEISE

Baguette in Frankreich, Ciabatta in Italien, Tortillas in Mexiko – Brot ist in vielen Ländern der Welt ein wichtiges Grundnahrungsmittel. Nirgends aber gibt es derart viele Sorten wie bei uns – hell oder dunkel, aus Weizen oder Roggen gebacken, aus Hefe oder Sauerteig, mit Körnen oder Nüssen. Jeder kennt die riesige Auswahl, die es zu kaufen gibt und die man ganz einfach auch selbst backen kann.

LESEN, BACKEN, GENIESSEN

Sie wissen, welches Brot Sie backen wollen? Super! Damit alles gut klappt, lesen Sie das Rezept am besten vor dem Einkauf und auf jeden Fall vor der Zubereitung noch einmal ganz aufmerksam durch. Dann wissen Sie genau, was Sie in welcher Menge benötigen, wann welche Arbeitsschritte fällig sind und wie Brot oder Brötchen perfekt gelingen.

RUHEZEITEN NICHT VERGESSEN

Machen Sie sich keinen Stress und planen Sie lieber großzügig. Die Zubereitungszeit dient nur der Orientierung. Sie ist ein Richtwert und abhängig von Ihrer Backerfahrung. Zudem beinhaltet sie nur die Zeit der tatsächlichen Zubereitung – die Backzeit ist stets zusätzlich gesondert ausgewiesen. Längere Ruhephasen für das Aufgehen des Teiges kommen noch hinzu – dies sollten Sie bei der Planung unbedingt beachten. Und: zwar schmecken Brot und Brötchen frisch gebacken meist am allerbesten, ein wenig Abkühlzeit ist aber oftmals unverzichtbar.

RAN AN DEN BACKOFEN!

Mehl kaufen, etwas Zeit einplanen und später in die erste noch lauwarme Brotscheibe beißen – das ist Genuss pur. Brot und Brötchen selber zu backen macht zudem Spaß und hat große Vorteile: Man kennt genau alle Zutaten und kann auf jegliche Zusatzstoffe verzichten. Und man kann den unvergleichlichen Duft, der sich aus dem Ofen durchs ganze Haus verbreitet, schon als Vorfreude auf knuspriges Brot und goldbraune Brötchen genießen.
Ob Vollkornbrot oder Körnerbrötchen – die eigenen Kreationen schmecken zum Frühstück, als Pausen-Snack oder beim Abendessen gleichermaßen gut!

EINSCHUBHÖHE

In den Rezepten in diesem Buch ist die Einschubhöhe immer dann die Mitte des Backofens, wenn nichts anderes angegeben ist.

DAS IST SO (!) GESUND

Brot entsteht aus Getreide, und darin stecken wenig Fett, viele Kohlenhydrate, verschiedene Vitamine und Mineralstoffe sowie sättigende Ballaststoffe. Besonders wertvoll sind Brote aus dem vollen Korn. Dafür werden die Getreidekörnchen nur von der harten und ungenießbaren Außenschale befreit, der Mehlkörper samt Keimling wird grob oder fein vermahlen. Für helle Mehle und Brote hingegen werden vor dem Mahlen Randschichten sowie Keime der Getreidekörner entfernt, damit gehen gesunde Inhaltsstoffe verloren.

NÄHRWERTE RICHTIG VERSTEHEN

Die Angaben beziehen sich auf die Gesamtmenge, wenn keine genaueren Stückangaben möglich sind. Wie immer bei Nährwerten, handelt es sich um Durchschnittswerte.

KEINE KOMPROMISSE BEI DER KÜCHENHYGIENE

Vollkommen klar: Wer Lebensmittel verarbeitet, sollte auf seine persönliche Hygiene achten. Also: Regelmäßig Hände waschen, Fingernägel kurz und sauber halten, Ringe ablegen, saubere Kleidung tragen, bei Schnittverletzungen wasserdichte Pflaster verwenden. Außerdem sollten alle Arbeitsgeräte sauber und technisch einwandfrei sein. Wenn Sie dann noch diese Hinweise beachten, ist alles perfekt:

- Lebensmittel richtig lagern und auftauen
- Zerkratzte Brettchen austauschen
- Kühlschrank regelmäßig säubern und auf die richtige Temperatur achten (um 6 °C)
- Spüllappen, Spülbürste und Geschirrtücher regelmäßig wechseln
- Arbeitsplatz bzw. Küche regelmäßig reinigen und Abfälle häufig entsorgen

FINGERSPITZENGEFÜHL GEFRAGT:

Oft sind es kleine Mengen Kräuter oder Gewürze, die einem Teig eine besondere Note verleihen. Das bedeuten die üblichen Mengenangaben bei Backrezepten:

1 Prise passt zwischen Daumen und Zeigefinger

1 Msp. (Messerspitze) geht genau auf die Spitze eines Messers

1 gestr. (gestrichener) TL / EL ist die Menge, die auf einen Tee- oder Esslöffel mit einem Messerrücken glatt gestrichen passt

1 geh. (gehäufter) TL / EL geht maximal auf einen Tee- oder Esslöffel

ABKÜRZUNGEN:

EL	Esslöffel
TL	Teelöffel
Msp.	Messerspitze
Pck.	Packung/Päckchen
g	Gramm
kg	Kilogramm
ml	Milliliter
l	Liter
Min.	Minute
Std.	Stunde
evtl.	eventuell
geh.	gehäuft
gem.	gemahlen
ger.	gerieben
gestr.	gestrichen
TK	Tiefkühlprodukt
°C	Grad Celsius
Ø	Durchmesser
cm	Zentimeter
E	Eiweiß
F	Fett
Kh	Kohlenhydrate
kcal	Kilokalorien

OHNE MEHL GEHT GAR NICHTS

GETREIDE FÜR GUTES GELINGEN

Die wichtigsten Getreidearten in der Brot- und Brötchenbäckerei sind bei uns Weizen, Dinkel und Roggen. Besonders gut lassen sich Weizen- und Dinkelmehle verbacken, da sie viel Klebereiweiß (auch als Gluten bekannt) enthalten und damit jedem Teig Stabilität verleihen. Auch Roggen enthält Gluten, ist aber ein wenig anspruchsvoller in der Teigzubereitung und braucht mehr Triebmittel.

MEHL ODER GETREIDEKÖRNER?

Ganz oder gemahlen, biologisch der konventionell angebaut – Sie haben die Wahl. Sie können ganze Getreidekörner kaufen und in einer Getreidemühle selbst mahlen oder im Bioladen frisch mahlen lassen. Alternativ greifen Sie zu einer der vielen Mehlpackungen, die es ebenfalls in Bio-Qualität gibt. Inzwischen steht sogar in größeren Supermärkten eine tolle Vielfalt im Regal. Den eigenen Ideen sind deshalb beim Backen keine Grenzen gesetzt.

VOLLKORNMEHLE

Ob Dinkel, Roggen oder Weizen – Vollkornmehle enthalten alle hochwertigen Bestandteile des ganzen Korns, sind dadurch gesünder und für herzhafte Brote beste Wahl. Tipp: Vollkornmehl und helles Mehl mischen für gute Backfähigkeit und viel Gesundheit. Übrigens können Sie nicht ohne Weiteres in einem Rezept helle Mehle durch Vollkornmehle ersetzen, denn diese brauchen mehr Flüssigkeit und haben eine etwas schlechtere Backfähigkeit. Ihr Brot würde vermutlich zu trocken und fest werden.

DIE SACHE MIT DEN UNTERSCHIEDLICHEN TYPEN

Auf jeder Mehlpackung ist eine so genannte Typenzahl aufgedruckt. Die Zahl verrät, wie viele Mineralstoffe im Mehl enthalten sind. Beispielsweise stecken in 100 Gramm Weizenmehl Type 405 etwa 405 Milligramm Mineralstoffe, beim Weizenmehl Type 1050 sind es 1050 Milligramm. Je höher also die Typenzahl, desto gesünder und dunkler ist ein Mehl, weil mehr Bestandteile des Getreidekorns vermahlen wurden. Vollkornmehle bestehen aus dem ganzen vermahlenen Korn und tragen meist keine Typenbezeichnungen.

DIE VIELFÄLTIGEN: WEIZEN, DINKEL, ROGGEN

Welches Mehl soll man nehmen? Das klassische 405er aus Weizen? Oder doch eine andere Sorte? Das Angebot im Supermarkt und Bioladen ist in den letzten Jahren groß geworden. Hier eine kurze Übersicht über wichtige Sorten:

- **Weizenmehl Type 405:** Beliebteste Mehlsorte. Sehr fein vermahlen und mit guten Backeigenschaften; für helle Brote und Brötchen gut geeignet.
- **Weizenmehl Type 550:** Ein wenig dunkler als das 405er; eignet sich für lockere, gut aufgehende (Hefe-) Teige. Besonders ideal für helle Brotsorten und Brötchen – es ist etwas „backstabiler" als das 405er.
- **Weizenmehl Type 1050:** Liegt etwa in der Mitte zum Vollkornmehl und ist merklich dunkler als das 405er. Intensiverer Geschmack, deshalb gut für herzhafte Brote. Auch ideal für jeden, der gesünder backen möchte, aber Vollkornmehl vielleicht nicht so gut verträgt oder nicht mag.
- **Dinkelmehl:** Dinkel wird auch Urweizen genannt und hat ähnliche Backeigenschaften wie Weizen, schmeckt aber etwas nussiger und ist für manche Menschen besser bekömmlich. Das 630er ist die hellste Variante und für Baguette besonders gut geeignet. Dunklere Varianten tragen die Typenbezeichnungen 812 und 1050.
- **Roggenmehl:** Wichtige Zutat beim Brotbacken, vor allem für alles Herzhafte, Rustikale. Kann allein ebenso wie mit Weizen oder Dinkel gemischt zum Einsatz kommen. Im Handel angeboten werden überwiegend die Typenzahlen 997 und 1150.

DIE SPEZIALISTEN: HAFER, GERSTE & CO

Neben Weizen, Dinkel und Roggen gibt es etliche andere Getreidesorten, die für Abwechslung sorgen.
Hafer: Enthält zwar reichlich Ballaststoffe und viel gesundes Eiweiß, aber kaum Gluten und ist deshalb nur gemischt mit z. B. Weizenmehl fürs Brotbacken geeignet. Die gewalzten Körner, besser bekannt als Haferflocken, sind dennoch beliebte Zutat in der Brotbackstube.
Hirse: In den hellen, nussigen Körnchen steckt gesundes Eiweiß, aber kein Gluten, sie müssen zum Brotbacken mit Weizen, Dinkel oder Roggen gemischt werden.
Gerste: Eher bekannt als Graupen, kann das Getreide auch in Broten für Abwechslung sorgen. Niedriger Glutengehalt.
Mais: Wichtiger Baustein für mexikanische Tortillas. Da das Mehl kein Gluten enthält, ist die Solo-Verarbeitung nicht ganz leicht.
Emmer und Einkorn: Alte Weizenarten, die sich steigender Beliebtheit erfreuen. Gute Backeigenschaften, allerdings nicht überall erhältlich.
Buchweizen: Kein Getreide, sondern die Samen eines Knöterichgewächses. Das Mehl ist glutenfrei und wird deshalb meist mit Weizen gemischt verbacken. Es sorgt für einen kräftigen und sehr typischen Geschmack.
Amaranth und Quinoa: Bei den Inkas beliebte Pflanzensamen. Kein Getreide, deshalb glutenfrei und als alleiniges Mehl für Brote nicht geeignet. Die Samen werden aber gern wegen ihres leicht nussigen Aromas unter Teige gemischt.

TRICKS AUF EINEN BLICK:

TIPPS FÜR ANFÄNGER

Neulinge auf dem Gebiet des Brotbackens wagen sich am besten zuerst an helle Brote aus Weizen- oder Dinkelmehl, die sich besonders leicht und gut verarbeiten lassen. Zudem ist Hefe als Triebmittel anfangs erste Wahl. Und ein in der Kastenform gebackenes Brot gelingt einfacher als ein frei geschobenes.

NICHT UNENDLICH HALTBAR

Getreide und das Mehl daraus sind unterschiedlich lange haltbar. Am besten werden sie bei normaler Zimmertemperatur und geringer Raumfeuchtigkeit dunkel im Schrank oder Vorratsraum gelagert. Dabei sind ganze Getreidekörner ebenso wie die hellen Mehle mit niedriger Typenzahl ein Jahr und länger haltbar, mit steigender Typenzahl nimmt die Haltbarkeit ab. Frisch gemahlene Vollkornmehle und Getreideschrot sollte man nicht länger als 4 bis 6 Wochen aufbewahren.

FÜR ABWECHSLUNG SORGEN

Aussehen und Geschmack von Brot und Brötchen lassen sich auf vielfältige Weise variieren.

- **Flocken** wie Hafer- oder Dinkelflocken können einen kleinen Teil der verwendeten Mehlmenge ersetzen und sorgen zudem, vor dem Backen aufgestreut, für eine dekorative Oberfläche.
- **Nüsse & Mandeln, Kerne & Saaten** sorgen für zarten Biss und viel Geschmack. Walnüsse, Haselnüsse und Mandeln kommen meist grob gehackt unter den Teig, Sonnenblumen- oder Kürbiskerne, Leinsamen, Mohn und Sesam müssen nicht zerkleinert werden. Wichtig: Da Nüsse und alle Samen relativ schnell ranzig schmecken, sollten Sie Ihre Vorräte häufig kontrollieren und bei der Verwendung Ihrer Nase trauen – Ranziges riecht unangenehm.
- **Gewürze & Kräuter** sorgen für eine besondere Note. In fertig gemischtem Brotgewürz sind meist Kümmel, Koriander, Anis und Fenchel enthalten. Sie können darauf zurückgreifen oder mit Einzelgewürzen experimentieren. Auch Kräuter sorgen für Abwechslung.
- **Oliven & Tomaten** sind für mediterrane Brote sehr beliebte Zutaten. Nur in kleinen Mengen hinzugeben, sonst wird der Teig schnell matschig.

VERSCHIEDENE LOCKERUNGSMITTEL

BACKTRIEBMITTEL FÜR LOCKERE BROTE

Backtriebmittel lassen Brot- und Brötchenteig „aufgehen", sodass das Teiginnere (die Krume) beim Backen besonders locker wird. Je nach Rezept werden Hefe, Sauerteig und/oder Backpulver für die Teiglockerung verwendet.

• **Backhefe:** Biologisches Triebmittel zur Teiglockerung. Speziell gezüchtete Mikroorganismen bilden in feuchter und warmer Umgebung Kohlendioxid, und dieses Gas lässt den Teig aufgehen.

• **Backpulver:** Besteht meist aus Natron, einem Säureträger wie Weinsäure sowie einem Trennmittel. Im Teig entwickelt sich beim Backvorgang durch Feuchtigkeit und Wärme Kohlensäure, die zu entweichen versucht und den Teig lockert.

• **Sauerteig:** Natürliches Lockerungsmittel für Roggen- oder Mischbrote, bei denen Hefe allein nicht zum Aufgehen reicht.

TRICKS AUF EINEN BLICK:

HEFE EINKAUFEN

Frische Hefe und Trockenhefe sind im Handel erhältlich. Frische Hefe liegt im Supermarkt bei den gekühlten Milchprodukten, gehört auch zu Hause in den Kühlschrank und ist nur etwa 10 Tage haltbar. Trockenbackhefe ist in einem Spezialverfahren haltbar gemacht und hat außerdem den zeitsparenden Vorteil, dass sie nicht angerührt oder im „Vorteig" angesetzt werden muss. Zudem hält sie sich mehrere Monate bis zu einem Jahr – beachten Sie das aufgedruckte Mindesthaltbarkeitsdatum.

SAUERTEIG EINKAUFEN

Sauerteig gibt es im Supermarkt abgepackt in dickflüssiger Form in Folienbeuteln und als Extrakt (in getrockneter Form) in kleinen Briefchen zu kaufen. Auch gute Bäcker werden Ihnen Sauerteig verkaufen.

SAUERTEIG SELBST HERSTELLEN

Sauerteig können Sie aus gerade mal zwei Zutaten plus einigen Tagen Ruhezeit ganz einfach selbst herstellen (siehe S. 11). Dafür benötigen Sie nur Mehl und Wasser. Und das Schöne: ein einmal hergestellter Sauerteig kann bei richtiger Pflege wochen- oder gar jahrelang aufbewahrt werden.

VIELSEITIG: HEFETEIG

• **So funktioniert´s:**
Hefeteig wird durch Einwirken von Hefepilzen gelockert. Wärme und gutes Kneten spielen bei diesem Prozess eine wichtige Rolle. Die Hefe wandelt dabei Zucker und Mehl (Stärke), also Kohlenhydrate, in Kohlensäure und Alkohol um und verursacht dadurch die gewünschte Teiglockerung.
Ihre volle Treibkraft entfaltet die Hefe nur in Gegenwart von Wärme. Vor allem die Flüssigkeit (Milch oder Wasser) sollte daher richtig temperiert sein, etwa 37 °C sind optimal. Zu heiße Flüssigkeiten würden die Hefezellen abtöten. Alle übrigen Zutaten für den Teig sollten möglichst Raumtemperatur haben. Um die Wärme gleichmäßig im ganzen Teig zu verteilen, empfiehlt es sich, die Flüssigkeit während des Rührens nach und nach hinzuzugeben.

• Gehen und Ruhen sind unverzichtbar. Brotteig mit Hefe bis zu dreimal zugedeckt an einem raumwarmen und zugfreien Ort gehen lassen und die in den Rezepten angegebenen Ruhe- und Gehzeiten einhalten. Auch geformte Teige, die noch aufgehen sollen, werden entweder mit einem sauberen Tuch oder mit Frischhaltefolie zugedeckt, damit sie nicht austrocknen. Beim Gehen sollte sich das Volumen des Teiges mindestens um ein Drittel erweitert haben. Dadurch wird das Brot besonders locker. Geht der Teig hingegen zu lange, enthält die Krume zu viel Luft und das Brot fällt beim Backen zusammen.

FÜR UNGEDULDIGE: BACKPULVERTEIG

Manchmal muss es eben schnell gehen. Deshalb finden Sie in diesem Buch auch Rezepte, bei denen Teige mit Backpulver oder Natron gelockert werden. Bitte bedenken Sie, dass diese Brote frisch aus dem Ofen am allerbesten schmecken und schon nach wenigen Stunden trocken werden. Bleibt etwas übrig, schneiden Sie die Reste in Scheiben und frieren Sie diese portionsweise ein. Am besten mit etwas Klarsichtfolie zwischen jeder Scheibe, so können Sie sie einzeln entnehmen und rasch im Toaster aufbacken.

BRAUCHT ZEIT: SAUERTEIG

Mehl und Wasser – mehr braucht man nicht für die älteste Form der Teiglockerung, die Sauerteiggärung. Sie ist für die Herstellung von dunklen (Roggen-) Broten besonders gut geeignet und erfreut sich gerade wieder steigender Beliebtheit.

• So funktioniert´s

Für die Teiglockerung verantwortlich ist die so genannte Milchsäuregärung. Milchsäurebakterien, die weit verbreitet und im Mehl ebenso wie im Wasser zu finden sind, reagieren in feucht-warmer Umgebung, bauen Kohlenhydrate ab und produzieren dabei Kohlenstoffdioxid. Dieser gasförmige Stoff versucht zu entweichen und lässt den Teig aufgehen. Zudem verleihen die Bakterien dem fertigen, knusprig gebackenen Brot seinen unverkennbaren Geschmack und eine längere Haltbarkeit.

• Sauerteig selbst ansetzen

Sie benötigen nur je etwa 400 g Mehl und 400 ml Wasser. Am besten eignet sich Roggenmehl, aber auch mit Dinkel- und sogar mit Weizenmehl gelingt Sauerteig. Welche Typensorte Sie verwenden, ist gleichgültig. Am sichersten säuern die Roggenmehl-Typen 997 und 1150. Für erste Versuche sollten Sie deshalb darauf zurückgreifen. Wenn Sie Vollkornmehl oder frisch gemahlenen Roggen verwenden, ist etwas mehr Wasser nötig.

Am ersten Tag: Etwa 100 g Roggenmehl mit 100 ml gut handwarmem Wasser in einer großen Schüssel

glattrühren. Das Wasser darf nicht zu heiß sein, sonst zerstört es die wichtigen Bakterien. Die Schüssel mit einem passenden Deckel, mit einem Tuch oder mit Klarsichtfolie verschließen und bei guter Zimmertemperatur (ca. 25 °C) etwa 24 Stunden ruhen lassen.

Am zweiten Tag: 100 g Roggenmehl und 100 ml gut handwarmes Wasser unter den Vorteig rühren. Erneut 24 Stunden zugedeckt ruhen lassen.

Am dritten Tag: 200 g Roggenmehl und 200 ml Wasser unter den Vorteig rühren und zugedeckt 24 Stunden ruhen lassen.

Am vierten Tag: Der Teig sollte jetzt angenehm säuerlich riechen und auf der Oberfläche Bläschen gebildet haben. Ist das noch nicht der Fall ist, den Teig umrühren und die Ruhezeit verlängern. Riecht der Teig allerdings scharf-stechend, ist etwas schief gegangen und Sie müssen leider von vorn anfangen.

• Gleich backen oder aufbewahren

Den so gesäuerten Ansatz können Sie am vierten oder fünften Tag für ein leckeres Brot verwenden. Weiteres Mehl und noch etwas Wasser zugeben sowie 1–2 TL Salz und Gewürze, sehr ausgiebig kneten, zum Laib formen oder in eine Kastenform umfüllen und zugedeckt noch einige Stunden gut aufgehen lassen.
Damit beim nächsten Mal alles viel schneller fertig ist, sollten Sie einen Teil des gesäuerten Ansatzes aufbewahren. Dafür gibt es verschiedene Möglichkeiten.

Ansatz füttern und kühl stellen: Mindestens 100 g Ansatz in ein großes Glas umfüllen und mit Mehl und Wasser zu gleichen Teilen „füttern" (gut verrühren) – so steht die Basis für das nächste Brotbacken bereit. Solch ein „Ansatz" kann bedenkenlos zwei Wochen im Kühlschrank aufbewahrt werden. Beim nächsten Brotbacken die benötigte Menge entnehmen, den Rest erneut „füttern" und kalt stellen.

Ansatz einfrieren: Alternativ können Sie übrigen Sauerteig in geeigneten Kunststoffboxen einfrieren und so monatelang aufbewahren. Bei Bedarf langsam auftauen lassen, „füttern" und die Bakterien wieder aktivieren.

Ansatz trocknen: Entweder eine kleine Menge Ansatz mit so viel Mehl verkneten, dass ein krümeliger Teig entsteht. Dieser „Krümelsauer" ist im Kühlschrank etwa 1 Monat haltbar. Für die Weiterverwendung wird er mit lauwarmem Wasser verrührt, bis er die gleiche Konsistenz des ursprünglichen Ansatzes erreicht hat. Alternative: den Ansatz möglichst dünn auf einem Backblech verstreichen und im Ofen bei niedriger Temperatur trocknen. Vom Blech schaben und in ein Schraubdeckelglas abfüllen, so ist er monatelang haltbar. Vor der Verwendung in lauwarmem Wasser auflösen – besonders gut gelingt das, wenn er zuvor im Mixer oder in einer elektrischen Mühle pulverisiert wurde.

KLEINES 1x1 DES BROTBACKENS

ALLES BEREITSTELLEN

Bevor Sie zum Mehl greifen, lesen Sie das Rezept noch einmal genau durch. Liegen alle Zutaten bereit? Fehlt nichts? Am besten wiegen und messen Sie schon einmal alles in der benötigten Menge ab, das erleichtert das spätere Arbeiten. Vor allem, wenn Sie den Teig mit den Händen kneten und diese erst aufwändig säubern müssten, um etwas aus dem Schrank zu holen.

ZIMMERTEMPERATUR IST ANGESAGT

Brote entstehen aus Naturprodukten, die auf die Umgebung reagieren. Deshalb ist die richtige Temperatur bedeutend: Die besten Ergebnisse werden erzielt, wenn alle Zutaten zimmerwarm verarbeitet werden. Während der Ruhe- und Gehzeiten gehören die Teige zugedeckt an warme, zugfreie Orte. Geformte Teige decken Sie dabei mit einem Küchentuch oder mit Frischhaltefolie zu, damit nichts austrocknet.

MEHL UND WASSER IM PERFEKTEN VERHÄLTNIS

Beim Kneten von Teigen für Brote und Brötchen sollten Sie Wasser und Mehl stets mit Bedacht dosieren. Der Teig soll gerade so feucht sein, dass er gut zusammenhält und geschmeidig ist, aber nicht mehr an den Fingern klebt. (Ausnahme: Roggenteig ist stets klebrig!). Gießen Sie Wasser oder jede andere Flüssigkeit deshalb nicht auf einmal zum Mehl, sondern behalten Sie anfangs einen Teil zurück. Den geben Sie dann nach und nach in kleinen Mengen zum Teig. Jede Mehlsorte nimmt die Flüssigkeit ein wenig unterschiedlich auf.

WEICHER ODER FESTER TEIG?

Unsere Rezepte geben die Form des Brotes vor. Entscheidend dafür ist die Konsistenz des Teiges. Auch bei eigenen Kreationen entscheidet diese, ob Sie ein Kastenbrot oder eher einen runden oder ovalen Brotlaib backen sollten. Weiche Teige gelingen am besten in einer Kastenform, weil sie darin zwar in die Höhe, aber nicht unbegrenzt in die Breite gehen können. Eine etwa 25 x 11 cm große Form eignet sich dabei bestens für Brote mit einem Gewicht von 500 bis 750 g. Für größere Brote können Sie natürlich entsprechend längere Formen verwenden.
Feste Teige können „frei geschoben", also frei geformt und auf einem Backblech gebacken werden. Wer zum passionierten Brotbäcker wird, kann spezielle Backformen oder Gärkörbchen für Brote kaufen.

KNETEN, KNETEN UND NOCHMALS KNETEN

Für Brot und Brötchen mit gleichmäßig lockerer Krume ist das richtige Vermengen unverzichtbar. Intensives Kneten unterstützt das Aufgehen der Teige und die geschmackliche Entfaltung aller Zutaten. Mehlkörper werden dabei aufgeschlossen, Glutenbindungen geschaffen und Luft in den Teig geknetet. Nur so werden Brote und Brötchen schön locker.
Die meisten Rezepte können mit einem handelsüblichen Mixer mit Knethaken zubereitet werden. Bei den Rezepten, die den Einsatz einer Küchenmaschine erfordern, haben wir uns bewusst dafür entschieden, da das Kneten mit der Hand mit einem hohen Kraftaufwand verbunden wäre und Mixer beschädigt werden könnten. Beachten Sie in jedem Fall die Angaben Ihrer Gerätehersteller, damit die Geräte nicht überhitzen. „Auf höchster Stufe" bedeutet immer, dass die höchstmögliche Stufe für den vorgesehenen Vorsatz, z. B. Knethaken, gewählt wird. Knetzeiten können Sie leicht mithilfe eines Küchenweckers einhalten.
Ob Sie mit den Händen und einiger Kraftanstrengung kneten, mit dem Mixer oder in einer Küchenmaschine, hat auf das Ergebnis keinen Ein-

fluss. Wichtig zu wissen: Teige mit einem hohen Anteil an Roggenmehl sind stets klebrig. Wenn Sie mit den Händen kneten, dürfen Sie nicht zu viel Mehl dazugeben, sonst wird das Brot später zu trocken.

REINE FORMSACHE

Brote gibt es länglich, rund oder oval, als Stange oder Zopf, in der typischen Kastenform. Spezialisten wie Focaccia, Fladenbrot oder Naan kommen sogar platt daher.
Wird Brot in einer Kastenform gebacken, muss diese zuerst gefettet werden, sonst lässt sich das fertige Brot später nicht stürzen. Zusätzlich können Sie den Boden der Form mit Sonnenblumenkernen, Sesamsamen oder Haferflocken ausstreuen – das ergibt eine attraktive und leckere Kruste. Und nicht vergessen: Den Teig in der Form vor dem Backen wie im Rezept angegeben noch ruhen und aufgehen lassen.

HÜBSCH ANZUSEHEN

Mit einigen Einschnitten in den ungebackenen Teig verleihen Sie Ihrem Brot oder Ihren Brötchen eine dekorative Oberfläche. Ob schräg und parallel gesetzt sieht später ebenso schön aus wie Schnitte in Rauten- oder Karoform.
Ebenfalls dekorativ ist es, wenn Sie vor dem Backen etwas Mehl über den Teig streuen oder die Oberfläche mit Wasser bestreichen und beispielsweise mit (Hafer-) Flocken, Sonnenblumenkernen oder Sesamsamen bestreuen.

TRICKS AUF EINEN BLICK:

- Den Teig lieber etwas länger als zu kurz kneten: Von Hand mindestens 20 Minuten, mit den Knethaken des Mixers etwa 5 Minuten. Hinzu kommt ein sorgfältiges Nachkneten mit der Hand. Das gute Durchkneten des Teiges ist wichtig für eine feine Pore. Und nur so wird das Brot angenehm locker.
- Damit der Teig später gut quellen kann, sollte er zu einer elastischen, geschmeidigen Masse verknetet werden. Wichtig: Eine etwas zu weiche Konsistenz ist immer besser als ein zu fester Teig. Bei Bedarf kann man vor dem Formen noch etwas Mehl hinzufügen.
- Teigstücke an der Oberfläche mit einem spitzen, scharfen Messer einschneiden. So geht der Teig schön gleichmäßig auf – und sieht später besonders appetitlich aus.
- Ist der Brotteig gut gegangen,

sollte er sofort in den vorgeheizten Backofen geschoben werden. Kommt das geformte Brot zu spät in den Ofen, kann es seine Form verlieren, zusammenfallen und klitschig werden.
- Sie können fertiges Brot sofort nach dem Backen mit Wasser besprühen oder dünn bestreichen, auch das macht es knusprig. Das Bestreichen mit Stärkewasser bringt vor allem bei dunklen Broten schönen Glanz auf die Kruste. Verrühren Sie dafür 1 Teelöffel Speisestärke mit etwa 75 ml kaltem Wasser. Das heiße Brot nach dem Backen damit dünn bestreichen.
- Frisch gebackenes Brot lässt sich mit einem angewärmten Messer besser schneiden.
- Achten Sie darauf, beim Schneiden möglichst wenig Druck auszuüben und die Schnitte mit einer sägenden Bewegung auszuführen. So bleibt eingeschlossene Luft im Teig und das Gebäck wird schön locker.

TIPPS FÜR GLEICHMÄSSIG GROSSE BRÖTCHEN

Ob groß, klein, rund oder eckig: Brötchenteig können Sie ganz nach Belieben formen. So werden die einzelnen Stücke garantiert gleich groß.

1. Die Arbeitsfläche leicht mit Mehl bestäuben, den aufgegangenen Teig darauf geben und nochmals kurz durchkneten.
2. Den Teig dann zu einer gleichmäßig dicken Rolle formen.
3. Die Rolle mit einer Teigkarte oder einem großen Messer in gleich dicke Scheiben teilen.
4. Die Teigstücke mit bemehlten Händen in die gewünschte Form bringen.
5. Eine Hilfe beim Formen können Brötchendrücker sein.

UNVERZICHTBAR: DER BACKOFEN

VIELSEITIGE ÖFEN

Backöfen besitzen heute meist vielfältige Einstellmöglichkeiten, von denen beim Brotbacken eigentlich nur die Funktionen Ober-/Unterhitze sowie Heißluft (Umluft) von Bedeutung sind. Bei den meisten Brotteigen spielt es keine Rolle, welche dieser Funktionen Sie wählen. Sollte sich eine Beheizungsart nicht gut eignen, ist es im Rezept vermerkt! Sehr hochwertige moderne Backöfen können Ihnen zusätzlich beim Brotbacken helfen. So stehen beispielsweise Automatikprogramme zur Verfügung, auch die Unterstützung der Krustenbildung mittels Dampf wird angeboten. Einige Hersteller bieten als Zubehör ein Backblech mit vielen kleinen Löchern an. Diese sorgen dafür, dass der Dampf auch an die Unterseite der Teigrohlinge kommt. Gleichzeitig soll durch die Antihafteigenschaft des Bleches das Einfetten und/oder Belegen mit Backpapier überflüssig sein.

PASSEND EINSTELLEN

In den Rezepten sind immer die Temperaturangaben für Ober-/Unterhitze und Heißluft angegeben – sie beziehen sich auf Elektrobacköfen. Beim Backen mit Heißluft wird die Ofentemperatur stets etwa 20 °C niedriger eingestellt als bei Ober-/Unterhitze, dies liegt an der unterschiedlichen Art der Wärmeverteilung. Angaben für Gasbacköfen machen wir nicht, die Geräte variieren zu stark. Bitte beachten Sie daher immer die Gebrauchsanleitung des Herstellers Ihres Ofens.

VORHEIZEN UND ABWARTEN

Backöfen werden bei unseren Rezepten grundsätzlich vorgeheizt. Auch wenn es schwerfällt: Teiglinge kommen erst dann in den Ofen, wenn die im Rezept angegebene Temperatur erreicht ist. Das geschieht vor allem aus einem Grund: Die Hitze lässt die äußere Teigschicht sofort trocknen, hält so Feuchtigkeit im Teig, verhindert das Breitlaufen und bildet eine herrlich krosse Kruste.
Damit diese ganz besonders gut ausgebildet wird, geben manche Backrezepte an, dass die ersten Minuten mit einer höheren Backtemperatur gebacken wird – so schließen sich die äußeren Poren besonders schnell. Danach wird die Temperatur gegebenenfalls etwas nach unten reguliert, damit die Krume weich und gar wird.

ORDENTLICH DAMPF MACHEN

Stellen Sie für eine besonders knusprige Kruste ein hitzebeständiges (!) Gefäß mit heißem Wasser in den Backofen, bevor Sie Brot oder Brötchen hineinschieben. Das Gefäß sollte dabei nicht direkt auf dem Boden des Backofens stehen, sondern auf einem Kuchenrost aus Metall. Der entstehende Dampf verteilt sich im heißen Ofen und gelangt während des Backvorgangs an das Brot. Spezialisten unter den Backöfen haben für solch eine Dampferzeugung eine eigene Einstellung – beachten Sie die Anleitung des Herstellers.
Sie können auch den Boden und die Wände des Backofens mit Wasser einsprühen, sowohl während des Aufheizens als auch während des Backens.

ENDSPURT IM BACKOFEN

Wenn jetzt alles richtig gemacht wurde, steht einem guten Ergebnis nichts mehr im Weg. Wichtig zu wissen: Die in unseren Rezepten angegebenen Temperaturen und Zeiten können stets nur Richtwerte sein, denn jeder Backofen arbeitet ein wenig anders. Beobachten Sie Ihre Backwerke also stets rechtzeitig vor Ablauf der angegebenen Zeit, damit nichts zu dunkel oder trocken wird.

TRICKS AUF EINEN BLICK:

RICHTIGE EINSCHUBHÖHE WÄHLEN

Die richtige Höhe ist für das Gelingen entscheidend: Hohe und halbhohe Formen werden meist auf dem Rost im unteren Drittel eingeschoben, flache Formen und Backbleche kommen in die Mitte. Abweichungen sind möglich und von der Ausführung des Backofens abhängig.

KLOPFPROBE SORGT FÜR GEWISSHEIT

Wann aber ist das Brot fertig? Nach Ablauf der angegebenen Backzeit gibt die „Klopfprobe“ die letzte Sicherheit, ob das Brot wirklich fertig ist. Dafür das Brot aus dem Ofen nehmen, mit einem Küchenhandschuh oder Topflappen anheben oder vorsichtig aus der Form stürzen und mit einem Fingerknöchel wie gegen eine Tür gegen die Unterseite des Brotes

klopfen. Es muss sich hohl anhören. Ist das nicht der Fall, müssen Sie die Backzeit noch ein wenig verlängern.

BROTBACKAUTOMAT: PRAKTISCH UND VIELSEITIG

Das ist die Alternative zum „Selber-Kneten“: Backautomaten bieten verschiedene Programme und Bräunungsgrade für unterschiedliche Brotsorten und Gewichte an. Je nach Ausstattung haben sie eine Zeitschaltuhr, ein Schnellbackprogramm und eine Warmhaltefunktion.
Lesen Sie die Bedienungsanleitung Ihres Brotbackautomaten vor dem Einsatz des Gerätes sorgfältig durch und halten Sie sich an die Empfehlungen des Herstellers. Zudem sollten Sie die Anleitung unbedingt aufbewahren, damit Sie jederzeit darin alles Wissenswerte nachlesen können.

Schritt für Schritt Brot backen im Brotbackautomaten:

1. Geben Sie zuerst Flüssigkeit, Fett, Salz und ggf. Gewürze in den Brotbackautomaten.
2. Fügen Sie dann Mehl, Hefe und/oder Sauerteig und Zucker hinzu.
3. Schließen Sie den Deckel. Wählen Sie das vom Hersteller empfohlene Programm und stellen Sie das Gerät an.
4. Nach Ertönen des Signaltons fügen Sie nach Belieben Körner, Früchte und ähnliche Zutaten hinzu (Bedienungsanleitung des Herstellers beachten!)
5. Backen Sie das Brot nach Bedienungsanleitung fertig.
6. Stürzen Sie das Brot nach Beendigung der Backzeit auf einen mit Backpapier belegten Kuchenrost und lassen Sie es erkalten.

HILFSMITTEL FÜRS BROTBACKEN

GETREIDEMÜHLE

Wenn Sie gern und häufig Vollkornbrote backen, lohnt sich auf jeden Fall die Anschaffung einer Getreidemühle. Dann können Sie Getreidekörner kaufen und diese bei Bedarf frisch mahlen. Vorteil: ganze Körner sind länger haltbar als Mehl, zudem bleiben wertvolle Inhaltsstoffe so bestens erhalten.

Worauf sollten Sie beim Kauf achten?
• Für kleine Mengen und nur gelegentlichen Einsatz reicht eine handbetriebene Mühle, die allerdings höchstens 75 g Mehl in einer Minute schafft.
• Wer seine Kräfte schonen möchte, wählt eine elektrische Mühle. Beachten Sie vor dem Kauf Größe und Platzbedarf ebenso wie die Lautstärke.
Zudem sind zwei Faktoren wichtig: Mahlwerk: Stein, Stahl oder Keramik? Getreidemühlen haben zwei Mahlsteine, zwischen denen die Körner zerkleinert werden. Stein- bzw. Keramikmahlwerke können sehr feine Mehle herstellen, zerkleinern ölhaltige Saaten jedoch nur in Kombination mit Getreide. Stahlmahlwerke schaffen Ölhaltiges auch pur und sind einfacher zu reinigen. Motorleistung: Geräte mit 300 Watt mahlen etwa 100 g Mehl pro Minute, das reicht im Familienhaushalt. Falls Sie jedoch auch Reis oder Mais mahlen möchten, sind Mühlen mit mehr als 360 Watt nötig. Hochwertige Geräte bieten sogar 600 Watt Motorleistung.
• Praktisch sind Mühlen, die Getreidekörner auch zu Flocken verarbeiten können.

KÜCHENWAAGE

Beim Brotbacken kommt es vor allen für Anfänger auf genaues Abwiegen der Zutaten an, eine gute Waage ist deshalb unverzichtbar. Achten Sie beim Kauf auf festen Stand, Zuwiegeautomatik, hohe Traglasten und einfache Reinigung.

RÜHRSCHÜSSEL

Sie sollte aus festem Material bestehen, damit sich auch eher schwerere Teige gut mixen lassen. Eine ausreichende Größe ist wichtig, weil die Teige deutlich an Volumen zunehmen können.

HANDMIXER

Meist mit zwei Rührstäben für weiche Teige, Cremes, Sahne etc. und mit zwei Knethaken für feste Knet- und Hefeteige. Sehr feste Teige können damit nicht ausreichend geknetet werden, das kräftige Durchkneten muss von Hand auf der Arbeitsfläche geschehen.
Achten Sie beim Kauf auf eine möglichst hohe Motorleistung und darauf, dass man den Mixer zwischen den Arbeitsschritten auf der Arbeitsfläche abstellen kann, ohne dass er nach vorne kippt.

KÜCHENMASCHINE

Sehr hilfreich für alle BrotbäckerInnen, denn solch eine Maschine kann ihnen das kräftige Durchkneten der Teige abnehmen. Achten Sie beim Kauf auf eine hohe Motorleistung. Auch Platzbedarf, Lautstärke und eine möglichst einfache Reinigung aller Teile sollten Sie überdenken.

TEIGKARTE

Meist aus widerstandsfähigem, hochwertigem Kunststoff herstellt mit geraden und runden Seiten. Die runde Seite hilft, Teige aus Schüsseln zu entnehmen, mit der geraden Seite lässt sich Weiches oder Cremiges glatt streichen. Zudem hilft sie dabei, Teige (z. B. für Brötchen) in gleichmäßige Stücke zu teilen.

BRÖTCHENDRÜCKER

Mit den „Stempeln“ aus Kunststoff können Sie den Teig für Brötchen oder Kleingebäck leicht in Kaiserbrötchen- oder Schneckenform bringen. Formen Sie aus dem Brötchenteig Kugeln und legen diese aufs Blech. Dann den Brötchendrücker in Mehl tauchen und fest auf die Teigkugel drücken.

GÄRKÖRBE

Für besonders schöne Oberflächen an Broten gibt es runde, ovale oder längliche Körbe. Die meisten sind aus Weide oder Peddigrohr hergestellt. Lässt man Teige darin aufgehen, nehmen sie Form und Muster des Korbes an. So funktioniert es: Teig kneten und formen, in den gut bemehlten Korb geben und darin zugedeckt gut aufgehen lassen, dann aufs Blech stürzen, den Korb abheben und das Brot backen.

BROTBACKFORM

Eine 25 x 11 cm große Kastenform gehört quasi zur Grundausstattung – auch für die Brotbäckerei. Schwarzblech ist dabei für Elektroöfen das beste Material, denn es leitet Hitze gut und gleichmäßig nach innen. Weißblech hingegen eignet sich eher für Gasherde. Im Handel finden sich zudem Kastenformen aus Keramik (die die Hitze besonders gut speichern), hitzebeständigem Glas, Emaille und Silikon (sehr platzsparend).

GELÖCHERTE BLECHE UND FORMEN

Hochwertige moderne Backöfen bieten als Zubehör ein Backblech mit vielen kleinen Löchern an. Diese sorgen dafür, dass der Dampf auch an die Unterseite der Teigrohlinge kommt. Gleichzeitig soll durch die Antihafteigenschaft des Bleches das Einfetten und/oder Belegen mit Backpapier überflüssig sein. Derartige Bleche und andere, ebenfalls gelöcherte Backformen, können Sie für jeden Backofen nachkaufen.

BROTKASTEN

Ideal für die Aufbewahrung fertiger Brote und Brötchen. Darin bleibt alles bestens frisch. Wichtig: den Kasten regelmäßig gründlich reinigen, damit sich kein Schimmel bilden kann.

DIE SPEZIALISTEN UNTER DEN BROTEN

DENKBAR EINFACH: BROT BACKEN OHNE KNETEN

Die Grundlagen

Nur mischen und rühren, kein kraftvolles Kneten – Brote, die auf diese Art gelingen, sind ungemein beliebt und oftmals Einstieg für künftige Fans eigener Brote.
Die einfachen Brot- oder Brötchen-Teige in diesem Backbuch haben zwei Gemeinsamkeiten:
• Sie werden einfach nur zusammen gerührt und nicht geknetet – es sind so genannte No-Knead-Teige.
• Sie haben eine besonders lange Ruhezeit von bis zu 18 Stunden, meistens im Kühlschrank (kalte Hefeteigführung).

Rechtzeitig beginnen

Falls Sie sich für die Zubereitung eines solchen Teiges entscheiden, starten Sie auf jeden Fall rechtzeitig mit dem Anrühren und planen Sie die Ruhezeit mit ein. Die lange Teig-Ruhezeit (auch Teigführung genannt) bei niedriger Temperatur (5–7 °C) hat übrigens den Vorteil, dass der Teig problemlos auch etwas länger stehen kann. Praktisch ist es, den Teig einfach über Nacht ruhen zu lassen. Üblicherweise reift er dabei im Kühlschrank, locker bedeckt mit einem Deckel oder mit Frischhaltefolie, damit die Oberfläche nicht antrocknen kann. Vor der weiteren Verarbeitung sollte er zunächst etwa 1 Stunde auf Zimmertemperatur gebracht werden.

Kneten überflüssig

Die angerührten No-Knead-Teige sind in der Regel nach dem Reifen und Aufgehen so weich, dass sie sich am besten mit einer breiten Teigkarte verarbeiten lassen. Dabei sollen die entstanden Gärgase (Blasen im Teig) möglichst erhalten bleiben. Deshalb die Schüssel umgedreht über die üppig bemehlte Arbeitsfläche halten, den Teig mithilfe der Teigkarte direkt (ohne Kneten!) aus der Schüssel aufs Mehl gleiten lassen.

Den Teig anschließend mit der Teigkarte eventuell etwas auseinander drücken und leicht mit Mehl bestäuben. Dann – je nach Rezept – von oben, unten, rechts und links mehrfach rasch zur Mitte überklappen, sodass ein eckiger, runder (zum

Backen im Topf) oder länglicher Brotlaib entsteht. Nach Rezept-Anleitung weiter gehen lassen oder auch sofort backen.

Vorheizen und Backen

No-Knead-Brötchen und -Brote werden in den bereits vorgeheizten Backofen eingeschoben. Für ein Top-Backergebnis ist es wichtig, den Teig – wie bei Profibäckern – möglichst sofort bei hoher Temperatur anzubacken. Deshalb werden in unseren Rezepten das Blech oder der verwendete Topf (inklusive Deckel!) ebenfalls im Backofen mit vorgeheizt. Dabei bitte Folgendes beachten: Der Gusseisen-Topf muss Temperaturen bis 250 °C aushalten können. Töpfe mit Kunststoffteilen an Griffen oder Deckel sind deshalb nicht geeignet. Für frei geformtes Brot den Teig darum auf Backpapier vorformen und damit direkt auf das heiße Blech ziehen. Für runde, im Topf gebackene Brote den Teiglaib mit bemehlten Händen und mithilfe der Teigkarte in den heißen Topf setzen. Deckel sofort schließen! Legen Sie sich unbedingt gute Backhandschuhe und eine hitzefeste Unterlage für den Topf in der Nähe der Arbeitsfläche bereit, beides muss Temperaturen bis 250 °C problemlos aushalten können.
Je nach Rezept die Backtemperatur dann entweder sofort nach dem Einschub oder nach 5–10 Minuten reduzieren, sodass der Teig durchbäckt, ohne eine zu dunkle Kruste zu bilden.
Bei offen gebackenen Broten oder Brötchen wird zum Teil vorab Wasserdampf im Backofen erzeugt (siehe S. 14). Er sorgt dafür, dass sich bei den hohen Temperaturen zwar eine Kruste bildet, diese aber nicht zu schnell hart wird.

LOW CARB: EIWEISSBROTE

Beliebte Neulinge
Seit einigen Jahren sind sie beim Bäcker und im Brotregal zu finden: sogenannte Eiweißbrote. Sie enthalten viel pflanzliches Eiweiß, dafür wenig Mehl und damit Kohlenhydrate und sind genau richtig für alle, die auf diesen Nährstoff weitgehend verzichten, aber dennoch in leckere Brötchen und Brote beißen möchten.

Warum Low Carb?
Bekommt unser Körper wenig Kohlenhydrate mit der Nahrung zugeführt, greift er für die Energiegewinnung verstärkt seine Fettdepots an – so die Theorie. Das klappt aber natürlich nur, wenn die aufgenommenen Mengen an Fett nicht übermäßig gesteigert werden. Besonders hilfreich beim Abnehmen soll es sein, am Abend weitgehend auf Kohlenhydrate zu verzichten. Da unsere letzte Mahlzeit traditionell das Abendbrot ist, wurden Brote mit einem besonders niedrigen Anteil an Kohlenhydraten entwickelt.

Viel Eiweiß, viel Fett
Eiweißbrote enthalten nur zwischen 5 und 10 Prozent Kohlenhydrate. Hauptsächlich bestehen sie aus pflanzlichem Eiweiß (etwa Soja- und Lupinenmehl, Leinsamen, Kleie). Auch der Gehalt an Fett (vor allem aus Nüssen und Kernen) ist deutlich höher als bei herkömmlichen Broten, deshalb stecken in Eiweißbrot auch mehr Kalorien als in herkömmlichem Brot.

BEI BEDARF: GLUTENFREIE BROTE UND BRÖTCHEN

Zunehmende Verbreitung
Immer größer wird das Angebot an glutenfreien Produkten. Ein Segen ist das für jeden, der auf das in herkömmlichen Backwaren enthaltene Gluten mit einer Unverträglichkeit reagiert.

Was ist Gluten?
Gluten ist ein natürlich in einigen Lebensmitteln enthaltenes Eiweiß. Leider kommt dieser Stoff in den meisten unserer gebräuchlichen Getreidesorten vor und damit auch in den daraus vermahlenen Mehlen. Man nennt Gluten auch Klebereiweiß, weil es eine Mischung aus Mehl und Wasser zu einem klebrigen Teig werden lässt, der zugleich elastisch ist und gut zusammenhält.

Wann ist Gluten bedenklich?
Einige Menschen bekommen Bauchweh oder massive Verdauungsstörungen, sobald sie eine Scheibe Brot gegessen haben. Auch andere Beschwerden können auftreten. Ursache dafür ist oft eine Glutenunverträglichkeit, auch Zöliakie genannt. Ursache dafür ist eine Überreaktion des Immunsystems, die häufig zu Entzündungen im Darm führt.

Glutenfrei backen
Leider lässt sich Weizenmehl nicht einfach durch ein beliebiges glutenfreies Mehl wie beispielsweise Mais ersetzen. Der Teig würde weder zusammen halten noch locker aufgehen. Zum Glück gibt es aber diverse glutenfreie Mehlmischungen zu kaufen. Und mit etwas Übung können Sie solch eine Mischung aus dem Mehl von Mais und Reis, Kartoffeln und Hülsenfrüchten, Leinsamen und Buchweizen, Mandeln und Nüssen selbst herstellen.

SOS

UNVERTRÄGLICHKEIT VOM ARZT FESTSTELLEN LASSEN
Immer mehr Menschen meiden Weizen und anderes Getreide, weil sie glauben, an einer Unverträglichkeit zu leiden. Oft aber liegen andere Ursachen vor und der Verzicht ist vollkommen sinnlos. Deshalb: stets vom Facharzt testen lassen, bevor Sie lebenslang auf herkömmliche Brote und Brötchen verzichten.
Zudem: Eine neue Studie der Universität Hohenheim zeigt, dass lange Geh-Zeiten für Teige die daraus gebackenen Brote für viele Menschen bekömmlicher machen.

IN DIESEN MEHLSORTEN IST GLUTEN ENTHALTEN
- Weizen
- Dinkel
- Roggen
- Gerste
- Hafer (meistens)
- Grünkern (= unreif geernteter Weizen)
- Einkorn
- Emmer

AUCH HIERIN VERSTECKT SICH GLUTEN
- Weizenstärke
- Backpulver
- Semmelbrösel/Paniermehl
- Nudeln
- Gnocchi
- Müsli
- Salzstangen
- Kekse
- Pizza
- viele Fertiggerichte und Saucen

AUFBEWAHRUNG UND RESTEVERWERTUNG

Alle Lebensmittel sollten so frisch wie möglich verarbeitet werden. Es ist sinnvoll, einige Lebensmittel tiefgekühlt oder aus Dosen, Tüten und Gläsern als „eiserne Reserve“ einzulagern. Ideal bei Krankheit, spontanem Besuch oder wenn die Zeit zum Einkaufen fehlt.

EINKAUFSZETTEL SCHREIBEN

Vorräte checken, Einkaufszettel schreiben und möglichst ohne Hunger einkaufen. Frische Ware sollte nicht nur ansprechend aussehen, sondern auch gut riechen – bei verpackten Artikeln immer auf das Mindesthaltbarkeitsdatum achten.

BROT UND BRÖTCHEN AUFBEWAHREN

Richtig Aufbewahren bedeutet langes Genießen und wenig Verschwendung von Lebensmitteln. Das sollten Sie beachten:

- Brot hält sich mehrere Tage frisch, wenn es ausgekühlt in einem speziellen Brotsack oder einem Brotkasten/Brottopf aufbewahrt wird. Legt man ein Stück Apfel oder Knollensellerie mit in den Brotkasten, bleibt das Brot ganz besonders lange frisch. Täglich austauschen!
- Ein Plastikbeutel ist nur bedingt geeignet, denn eventuell austretende Feuchtigkeit wird hier weder aufgesaugt, noch kann sie entweichen.
- Bei ungünstiger Witterung (Sommerhitze und/oder hohe Luftfeuchtigkeit) ist das gut verpackte Brot ausnahmsweise im Kühlschrank (im Folienbeutel im Gemüsefach) gut aufgehoben. Allerdings trocknet Brot im Kühlschrank schneller aus.
- Die luftdicht verschließbaren Behälter oder speziellen Brotkästen verlangsamen das Austrocknen der Brote. Behältnisse aus Ton oder Steingut sind Brotkästen aus Holz wegen der etwas schwierigen Sauberhaltung vorzuziehen. Achten Sie darauf, dass zumindest der Deckel bei Ton und Steingut nicht lasiert ist, damit das Brot „atmen“, also Feuchtigkeit abgeben kann.

KEINE CHANCE FÜR SCHIMMEL

- Um Schimmel vorzubeugen, sollten Sie Ihren Brotbehälter regelmäßig von Krümeln befreien und mit Essigwasser auswischen. Den Behälter dann gut austrocknen lassen.
- Geschnittene Brotscheiben sind eher anfällig für Schimmel als ganze Brote.
- Verschimmeltes Brot sollte auf keinen Fall verzehrt werden. Da hilft nur wegwerfen.
- Brote und Brötchen aus dunklem Mehl bleiben länger frisch als solche aus hellem Mehl. Zudem: Je höher der Anteil an Weizenmehl, desto eher trocknen Brot oder Brötchen aus.

KÄLTESCHLAF FÜRS BROT

- Brot und Brötchen lassen sich in Gefrierbeuteln oder -dosen verpackt einfrieren und so bis zu sechs Monaten aufbewahren. Günstig ist es, sie dann bei Zimmertemperatur in der Verpackung oder unter einem Tuch auftauen zu lassen und evtl. kurz bei Backtemperatur aufzubacken.

• Brötchen am besten so frisch wie möglich (abgekühlt) verpacken und einfrieren.
Vor dem Aufbacken die Oberfläche mit etwas Wasser bestreichen, dann die Brötchen bei 160 °C Heißluft 3–6 Minuten (je nach Gewicht und Größe) kurz aufbacken.
• Brot am besten in Scheiben geschnitten portionsweise verpackt einfrieren. So lassen sich die Scheiben in etwa 1 Stunde bei Zimmertemperatur auftauen. Oder beim Einfrieren zwischen einzelne Brotscheiben jeweils ein Stück Klarsichtfolie legen, so können Sie jederzeit auch einzelne Brotscheiben entnehmen. Auftauen und Aufbacken gelingt dann blitzschnell im Toaster.

RESTEVERWERTUNG GEGEN VERSCHWENDUNG

Natürlich schmeckt ganz frisch gebackenes Brot am allerbesten. Aber auch am zweiten oder dritten Tag ist Brot viel zu schade für die Mülltonne.
• Nicht mehr ganz ofenfrisches Brot ist wieder richtig lecker, wenn es im Toaster aufgebacken wird.
• Bleiben wider Erwarten doch mal Reste übrig, lassen sich daraus knusprige Croûtons zubereiten, die sich als Topping für Suppen und Salate eignen. Dafür einfach das Brot in Würfel von gewünschter Größe schneiden, etwas Öl, Butter oder Margarine in einer Pfanne erhitzen, nach Belieben eine Knoblauchzehe hinzugeben und die Brotwürfel bei mittlerer Hitze rösten. Falls erforderlich, geben Sie nach und nach noch etwas Fett hinzu. Zum Schluss die Croûtons nach Belieben salzen oder mit Kräutern würzen.

• Für „Arme Ritter“ altbackene helle Brotscheiben in Eiermilch wenden und dann in heißer Butter braten.
• Altbackene Brote oder Brötchen grob würfeln, offen vollständig trocknen lassen und anschließend in einer Küchenmaschine mahlen – schon haben Sie ihre eigenen Semmelbrösel (Paniermehl).

TIPPS FÜR DIE RESTEVERWERTUNG

• Wenn ausreichend Brot- oder Brötchenreste vorhanden sind, können daraus Semmelknödel geformt und gegart werden.
• Altbackenes Brot ist ein tolles Lockerungsmittel für saftige Frikadellen. Brotscheiben oder Brötchen in warmem Wasser einweichen, dann sehr gut ausdrücken und mit Hackfleisch und Eiern verkneten.
• Als Topping für Aufläufe und Gratins altbackenes Brot kleinwürfeln und zusammen mit Käse über die anderen Zutaten streuen, alles im Ofen knusprig überbacken.
• In Italien sind Brotsalate beliebt. Dafür Brötchen oder Brote in mundgerechte Würfel schneiden, mit Frischem wie beispielsweise Tomaten, Fenchel und/oder Frühlingszwiebeln und einem aromatischen Dressing mischen.
• Suppen werden wunderbar sämig, wenn altbackenes Brot entrindet und mit gekocht wird.

HEFEBROTE

ÄHRENBROT

ZUBEREITUNGSZEIT:
20 Minuten, ohne Abkühlzeit

RUHE-/TEIGGEHZEIT:
etwa 1 Stunde und 15 Minuten

BACKZEIT:
etwa 30 Minuten

ZUTATEN FÜR 1 BROT

FÜR DEN HEFETEIG:
175 g Weizenmehl (Type 550)
175 g Weizenmehl (Type 1050)
21 g frische Hefe
1 EL Zuckerrübensirup (Rübenkraut)
225 ml lauwarmes Wasser
25 g Butter (zimmerwarm)
1 ½ gestr. TL Salz

INSGESAMT:
E: 47 g, F: 26 g, Kh: 283 g, kcal: 1612

1. Für den Teig 1 Esslöffel von dem Mehl in eine Rührschüssel geben. Hefe hineinbröckeln, Sirup und etwas von dem Wasser hinzufügen, gut verrühren und zugedeckt stehen lassen, etwa 15 Minuten.

2. Restliche Zutaten hinzufügen und mit einem Mixer (Knethaken) zunächst kurz auf niedrigster, dann auf höchster Stufe in etwa 5 Minuten zu einem glatten Teig verarbeiten.

3. Den Teig leicht mit Mehl bestäuben und zugedeckt so lange an einem warmen Ort gehen lassen, bis er sich sichtbar vergrößert hat, etwa 25 Minuten.

4. Den gegangenen Teig leicht mit Mehl bestäuben und auf der leicht bemehlten Arbeitsfläche nochmals kurz verkneten.

5. Den Teig zu einer Rolle (etwa 30 cm lang) formen und auf ein Backblech (mit Backpapier belegt) legen. Die Teigrolle zugedeckt so lange an einem warmen Ort gehen lassen, bis sie sich sichtbar vergrößert hat, etwa 30 Minuten.

6. In der Zwischenzeit den Backofen vorheizen.
Ober-/Unterhitze: etwa 200 °C
Heißluft: etwa 180 °C

7. Die Teigrolle mit Wasser bestreichen und dünn mit Mehl bestäuben. Dann an einer Seite beginnend mit einer Schere im flachen Winkel fast bis zum Backblech ein- aber nicht durchschneiden und das entstandene Teigstück leicht zu einer Seite ziehen.

8. In etwa 5 cm Abstand das nächste Teigstück einschneiden und zur anderen Seite ziehen. So weiter verfahren, bis die Teigrolle wie eine große Ähre aussieht. Die Teigähre zugedeckt weitere etwa 5 Minuten gehen lassen.

9. Das Backblech in den vorgeheizten Backofen schieben. Das Ährenbrot **etwa 30 Minuten backen.**

10. Das Ährenbrot auf einem Kuchenrost erkalten lassen.

REZEPTVARIANTE:
Für **Ährenbrötchen** formen Sie unter Punkt 5 keine Rolle, sondern teilen den Teig in 8–10 gleich große Stücke. Dann die Teigstücke zu runden Brötchen formen. Anschließend die Teigbrötchen auf ein Backblech (mit Backpapier belegt) legen. Dabei darauf achten, dass die glatte Oberseite oben liegt. Die Teigbrötchen mit einem Stück Frischhaltefolie zudecken (so trocknen sie nicht so leicht aus). An einem warmen Ort so lange gehen lassen, bis sie sich deutlich sichtbar vergrößert haben, etwa 25 Minuten. Das Backblech in den vorgeheizten Backofen schieben und die Brötchen 20–25 Minuten backen.

AYRANBROT MIT HAFER

ZUBEREITUNGSZEIT:
etwa 20 Minuten, ohne Abkühlzeit

RUHE-/TEIGGEHZEIT:
etwa 2 Stunden

BACKZEIT:
etwa 1 Stunde

ZUTATEN FÜR 1 BROT

FÜR DEN HEFETEIG:
400 g Dinkel-Vollkornmehl
350 g Dinkelmehl (Type 630)
50 g zarte Haferflocken
60 g frische Hefe
5 EL lauwarmes Wasser
2 TL Koriandersamen
1 TL Anissamen
500 ml lauwarmer Ayran (türkisches Joghurtgetränk)
1 TL Honig
1 EL Salz

ZUM BESTREUEN:
3 EL feine Haferflocken

INSGESAMT:
E: 150 g, F: 30 g, Kh: 570 g, kcal: 3300

1. Für den Vorteig beide Mehle und Haferflocken in einer großen Rührschüssel mischen. In die Mitte eine Vertiefung eindrücken, die Hefe hineinbröckeln und mit dem Wasser verrühren. Den Vorteig zugedeckt an einem warmen Ort etwa 30 Minuten stehen lassen.

2. Die Koriander- und Anissamen im Mörser zerstoßen. Ayran, Honig, Salz und Gewürze zum Vorteig geben. Alle Zutaten mit einem Mixer (Knethaken) zunächst kurz auf niedrigster, dann auf höchster Stufe in etwa 5 Minuten zu einem glatten, geschmeidigen Teig verarbeiten.

3. Den Teig leicht mit Mehl bestäuben und zugedeckt so lange an einem warmen Ort gehen lassen, bis er sich sichtbar vergrößert hat, etwa 1 Stunde.

4. Den gegangenen Teig auf der leicht bemehlten Arbeitsfläche kurz verkneten. Den Teig zu einer Kugel formen und in eine runde Brotback- oder Springform (Ø 26 cm, gefettet) legen.

5. Den Teig nochmals zugedeckt so lange an einem warmen Ort gehen lassen, bis er sich sichtbar vergrößert hat, etwa 30 Minuten.

6. Den Backofen vorheizen.
Ober-/Unterhitze: etwa 200 °C
Heißluft: etwa 180 °C

7. Die Teigoberfläche mit Haferflocken bestreuen und leicht andrücken.

8. Die Form auf dem Rost in den vorgeheizten Backofen (unteres Drittel) schieben und das Brot **etwa 1 Stunde backen.** Dabei ein mit Wasser gefülltes ofenfestes Gefäß auf den Boden des Ofens stellen, damit sich Dampf entwickeln kann und das Brot feucht bleibt.

9. Das Brot aus dem Backofen nehmen und auf einem Kuchengitter etwa 10 Minuten abkühlen lassen. Dann aus der Form nehmen und vollständig abkühlen lassen.

TIPP:
Anstelle des Ayrans kann man alternativ 200 g griechischen Sahnejoghurt mit 300 ml Wasser verrühren und in den Teig einarbeiten. Auch Buttermilch macht das Brot schön saftig.

BAGUETTES

ZUBEREITUNGSZEIT:
20 Minuten

RUHE-/TEIGGEHZEIT:
etwa 1 Stunde und 45 Minuten

BACKZEIT:
etwa 12–15 Minuten

ZUTATEN FÜR 2 BAGUETTES

FÜR DEN TEIG:
250 ml lauwarmes Wasser
21 g frische Hefe
1 Prise Zucker
400 g Weizenmehl (Type 550)
1–2 gestr. TL Salz

PRO STÜCK:
E: 26 g, F: 2 g, Kh: 162 g, kcal: 780

1. Für den Teig 4 Esslöffel Wasser in eine Rührschüssel geben. Hefe und Zucker unter Rühren darin auflösen. Hefeansatz zugedeckt bei Zimmertemperatur stehen lassen, etwa 15 Minuten.

2. Restliches Wasser, Mehl und Salz hinzugeben. Das Ganze mit einem Mixer (Knethaken) oder der Küchenmaschine (Knethaken) auf höchster Stufe in etwa 3 Minuten zu einem elastischen Teig verkneten. Den Teig mit Frischhaltefolie zudecken und so lange an einem warmen Ort gehen lassen, bis er sich sichtbar vergrößert hat, etwa 30 Minuten.

3. Die Frischhaltefolie vom Teig nehmen und beiseitelegen. Den Teig mit Mehl bestäuben, auf eine leicht mit Mehl bestäubte Arbeitsfläche geben und mit den Händen kurz verkneten. Den Teig halbieren und zugedeckt nochmals so lange an einem warmen Ort gehen lassen, bis er sich sichtbar vergrößert hat, etwa 30 Minuten.

4. Dann beide Teigportionen vorsichtig auf eine leicht mit Mehl bestäubte Arbeitsfläche geben und daraus 2 Teigstangen formen (je etwa 30 cm Länge). Dabei darauf achten, dass die feinen Luftbläschen im Teig möglichst erhalten bleiben.

5. Die Teigstangen auf ein leicht mit Mehl bestäubtes Geschirrtuch legen. Zwischen den Teigstangen eine Tuchfalte hochziehen (sie kleben sonst aneinander). Die Teigstangen mit einem sehr scharfen Messer schräg einschneiden (etwa 1 cm tief), mit wenig Mehl bestäuben und wieder mit der beiseitegelegten Frischhaltefolie zudecken. Anschließend die Stangen an einem warmen Ort so lange gehen lassen, bis sie sich sichtbar vergrößert haben, etwa 30 Minuten.

6. Den Backofen vorheizen.
Ober-/Unterhitze: etwa 240 °C
Heißluft: etwa 220 °C.

7. Das Backblech in den vorgeheizten Backofen schieben und erhitzen. Ein ofenfestes Gefäß mit heißem Wasser füllen und auf einem Metall-Kuchenrost auf den Boden des Backofens stellen.

8. Die Teigstangen vorsichtig vom Tuch nehmen und auf einen Bogen Backpapier legen.

9. Das heiße Backblech mithilfe von Topflappen aus dem Backofen nehmen (Achtung: heißer Wasserdampf!) und auf einen Kuchenrost stellen. Backpapier mit den Teigstangen vorsichtig auf das heiße Backblech ziehen. Das Backblech sofort in den Backofen schieben.

10. Die Backofentemperatur um etwa 20 °C auf Ober-/Unterhitze: etwa 220 °C, Heißluft: etwa 200 °C reduzieren. Die Baguettes **12–15 Minuten backen.**

11. Baguettes auf einen Kuchenrost legen und erkalten lassen.

BBQ-BAGUETTES

OHNE KNETEN

ZUBEREITUNGSZEIT:
15 Minuten

RUHE-/GEHZEIT:
mindestens 2 Stunden und 10 Minuten

BACKZEIT:
etwa 28 Minuten

ZUTATEN FÜR 2 STÜCK

FÜR DEN HEFETEIG:
300 ml lauwarmes Wasser
15 g frische Hefe
1 TL brauner Zucker
80 g Weizenmehl (Type 405)
300 g Weizenmehl (Type 550)
1 ½ gestr. TL Salz
etwa 2 TL BBQ-Gewürz
etwa 75 g Cabanossi

ZUSÄTZLICH:
Alufolie oder eine ofengeeignete flache Metallschale

PRO STÜCK:
E: 27 g, F: 19 g, Kh: 139 g, kcal: 855

1. Für den Teig 100 ml warmes Wasser, zerbröselte Hefe, Zucker und Weizenmehl (Type 405) in einer großen Rührschüssel glatt verrühren. Mit einem sauberen Geschirrtuch bedeckt etwa 10 Minuten bei Zimmertemperatur gehen lassen.

2. Restliches Weizenmehl (Type 550) mit Salz und BBQ-Gewürz mischen und zum Vorteig geben. Restliches warmes Wasser (200 ml) hinzugießen und alle Zutaten mit einem stabilen Holzlöffel kräftig zu einem Teig verrühren.

3. Die Schüssel mit Frischhaltefolie oder passendem Deckel verschließen und bei Zimmertemperatur (22–24 °C) mindestens 2 Stunden gehen lassen, bis der Teig sich sichtbar verdoppelt hat.

4. In der Zwischenzeit den Backofen vorheizen.
Ober-/Unterhitze: etwa 250 °C
Heißluft: etwa 230 °C

5. Das Backblech in den Backofen schieben und miterhitzen. Ein Stück doppelt gelegte Alufolie oder eine ofengeeignete flache Metallschale auf dem Backofenboden miterhitzen. Sobald der Backofen eine Temperatur von etwa 200 °C erreicht hat, 200 ml heißes Wasser auf die Alufolie am Boden bzw. in die Schüssel geben (Vorsicht, heißer Wasserdampf!). Die Backofentür rasch wieder schließen.

6. Eine Arbeitsfläche dick mit Mehl bestäuben. Den Teig direkt aus der Schüssel mithilfe einer Teigkarte als breiten Streifen mittig auf das Mehl geben. Mit der Teigkarte in etwa 2 gleich große, lange Streifen teilen und etwas voneinander trennen. Dabei den Teig nur sacht bearbeiten.

7. Cabanossi in Stückchen schneiden und mittig auf den Teigstreifen verteilen. Jeweils mit der Teigkarte die Längsseiten rundherum zur Mitte überklappen, den Vorgang nochmals wiederholen, bis zwei Baguettes entstanden sind und die Cabanossistückchen mit eingearbeitet sind. Mit gut bemehlten Händen vorsichtig so wenden, dass jeweils die entstandene Teignaht unten liegt. Die Teigstreifen mithilfe einer langen Palette oder Ähnlichem auf das Backpapier heben.

8. Alufolie, bzw. Metallschale aus dem Backofen entfernen. Das Backblech aus dem Backofen nehmen. Die vorbereiteten Baguettes mit dem Backpapier vorsichtig mit Schwung auf das heiße Backblech ziehen und sofort in den heißen Backofen (unterste Schiene) schieben. Die Baguettes **etwa 8 Minuten backen.**

9. Dann die Backofentemperatur herunterschalten.
Ober-/Unterhitze: etwa 180 °C
Heißluft: etwa 160 °C
Die Baguettes **in weiteren 20–25 Minuten goldbraun fertig backen.**

10. Die Baguettes vom Backblech nehmen und auf einem Kuchenrost erkalten lassen.

BRIOCHES

ZUBEREITUNGSZEIT:
40 Minuten

RUHE-/TEIGGEHZEIT:
etwa 15½– 16½ Stunden

BACKZEIT:
etwa 50 Minuten

ZUTATEN FÜR 2 BROTE

FÜR DEN HEFETEIG:
15 g frische Hefe
2 EL lauwarmes Wasser
500 g Weizenmehl
2 EL Milch (3,5 % Fett)
15 g Salz
30 g Zucker
6 Eier (Größe M)
450 g Butter (zimmerwarm)

ZUM BESTREICHEN:
1 Ei (Größe M)

PRO BROT:
E: 64 g, F: 208 g, Kh: 240 g, kcal: 3056

1. Für den Teig Hefe in eine Rührschüssel hineinbröckeln. Wasser hinzufügen und die Hefe unter Rühren darin auflösen. Das Mehl daraufgeben.

2. Milch mit Salz und Zucker verrühren, auf das Mehl gießen, alles mit einem Mixer (Knethaken) kurz vermischen. Eier hinzugeben.

3. Dann alle Zutaten mit einem Mixer (Knethaken) auf höchster Stufe in 3–4 Minuten verkneten. Die Butter portionsweise so lange unter den Teig kneten, bis der Teig zäh und weich ist.

4. Die Rührschüssel mit Frischhaltefolie zudecken. Den Hefeteig bei Zimmertemperatur so lange gehen lassen, bis er sich sichtbar vergrößert hat, etwa 1 ½ Stunden.

5. Den Teig mit dem Mixer (Knethaken) auf höchster Stufe etwa 2 Minuten gut verkneten. Anschließend den Teig wieder mit Frischhaltefolie zudecken und im Kühlschrank gehen lassen, etwa 12 Stunden.

6. Den Teig halbieren. Jede Teighälfte in 8 gleich große Stücke teilen. Die Teigstücke mit Mehl bestäuben und zu Kugeln formen. Jeweils 8 Kugeln in eine Kastenform (30 x 11 cm, gefettet, mit Backpapier ausgelegt) legen. Den Teig zugedeckt bei Zimmertemperatur nochmals 2–3 Stunden gehen lassen.

7. Den Backofen vorheizen.
Ober-/Unterhitze: etwa 180 °C
Heißluft: etwa 160 °C

8. Zum Bestreichen das Ei verschlagen. Die Teig-Brioches damit bestreichen.

9. Die Kastenformen auf dem Rost in den vorgeheizten Backofen schieben. Brioches **etwa 50 Minuten backen.**

10. Die Formen auf einen Kuchenrost stellen und die Brioches in den Formen erkalten lassen.

REZEPTVARIANTE:
Für 24 **kleine Brioches** 24 Briocheförmchen oder 2 Muffinformen für je 12 Muffins mit Butter fetten. Den gegangenen Teig halbieren, jede Teighälfte mit Mehl bestäubt zu zwei Rollen (etwa 24 cm lang) formen, dann jeweils in 12 gleich große Stücke schneiden. Jedes Teigstück zunächst in 3 Stücke teilen. 2 Stücke zu Kugeln formen und in eine gebutterte Form oder Mulde legen. Ein etwa 1 cm breites Loch hineindrücken. Das dritte Teigstück zu einer Kugel mit Spitze formen. Die Spitze nach unten in das Teigloch legen. Die restlichen Teigstücke auf die gleiche Weise verarbeiten. Die Teigstücke nochmals gehen lassen, bis sie sich sichtbar vergrößert haben. Die Backzeit beträgt etwa 17 Minuten bei angegebener Backofeneinstellung.

BROT IM GLAS

ZUBEREITUNGSZEIT:
30 Minuten, ohne Abkühlzeit

RUHE-/TEIGGEHZEIT:
etwa 1 Stunde und 10 Minuten

BACKZEIT:
40–45 Minuten

ZUTATEN FÜR 6 BROTE

ZUM VORBEREITEN:
1 mittelgroße Zwiebel
1 Knoblauchzehe

FÜR DEN HEFETEIG:
500 g Weizenmehl
42 g frische Hefe
200 ml lauwarme Milch (3,5 % Fett)
etwas Zucker, 1 gestr. TL Salz
100 ml Sonnenblumenöl
2 Eier (Größe M)
1 gestr. TL gem. Anissamen
½ TL gem. Fenchelsamen
1 Msp. ger. Muskatnuss
1 EL gehackter Rosmarin
3 EL gehackter Dill

ZUM BESTREUEN:
1 gestr. TL Anissamen
1 gestr. TL Fenchelsamen

ZUSÄTZLICH:
6 Weckgläser (je 250 ml Inhalt)

PRO STÜCK:
E: 13 g, F: 22 g, Kh: 65 g, kcal: 516

1. Zum Vorbereiten Zwiebel und Knoblauch abziehen und beides fein hacken.

2. Für den Teig Mehl in eine Rührschüssel geben und in die Mitte eine Vertiefung eindrücken. Hefe hineinbröckeln, mit etwas Milch und Zucker verrühren und etwa 15 Minuten stehen lassen.

3. Restliche Milch, Salz, Sonnenblumenöl, Eier, Anis, Fenchel, Muskat, Rosmarin, Dill, Zwiebel- und Knoblauchwürfel hinzufügen.

4. Die Zutaten mit einem Mixer (Knethaken) zunächst kurz auf niedrigster, dann auf höchster Stufe in etwa 5 Minuten zu einem glatten Teig verarbeiten.

5. Den Teig zugedeckt so lange an einem warmen Ort gehen lassen, bis er sich sichtbar vergrößert hat, etwa 30 Minuten.

6. Den gegangenen Teig leicht mit Mehl bestäuben und auf der leicht bemehlten Arbeitsfläche nochmals kurz verkneten. Den Teig in 6–7 gleich große Portionen aufteilen und zu Kugeln formen.

7. Die Teigkugeln in die Weckgläser (gefettet, bemehlt) geben und nochmals zugedeckt so lange an einem warmen Ort gehen lassen, bis sie sich sichtbar vergrößert haben, etwa 25 Minuten.

8. In der Zwischenzeit den Backofen vorheizen.
Ober-/Unterhitze: etwa 200 °C
Heißluft: etwa 180 °C

9. Die Teigoberfläche mit einem scharfen Messer kreuzweise einschneiden, nicht drücken. Dann mit Wasser bestreichen, mit Anis und Fenchel bestreuen und mit Mehl bestäuben.

10. Die Weckgläser auf dem Rost in den vorgeheizten Backofen schieben. Würzige Brote **40–45 Minuten backen.**

11. Nach etwa 25 Minuten der Backzeit die Brote mit Backpapier zudecken, damit die Oberfläche nicht zu dunkel wird.

CIABATTA

VEGAN

VORBEREITUNG:
1 Tag im Voraus

ZUBEREITUNGSZEIT:
etwa 10 Minuten

TEIGGEHZEIT:
16–18 Stunden

BACKZEIT:
etwa 25 Minuten

ZUTATEN FÜR 2 BROTE

FÜR DEN HEFETEIG:
- 10 g frische Hefe
- 370 ml lauwarmes Wasser
- 150 g Hartweizenmehl (oder Nudelmehl)
- 300 g Weizenmehl (Type 550)
- 2 gestr. TL Salz
- ½ TL Zucker
- 2 EL Olivenöl

ZUM BESTREICHEN UND BESTREUEN:
- 1 EL Speiseöl
- etwas Weizenmehl

PRO BROT:
E: 18 g, F: 18 g, Kh: 162 g, kcal: 918

1. Für den Teig die Hefe im Wasser auflösen. Mehle, Salz und Zucker in einer Schüssel mischen. Angerührte Hefe und Olivenöl dazugeben. Die Zutaten mit einem Kochlöffel zu einem klebrigen Teig verarbeiten. Den Teig mit Öl bestreichen und zugedeckt 16–18 Stunden im Kühlschrank gehen lassen.

2. Den Teig etwa 30 Minuten vor der weiteren Verarbeitung aus dem Kühlschrank nehmen und bei Zimmertemperatur stehen lassen. Teig dann auf die bemehlte Arbeitsfläche geben und halbieren. Die Hälften mit der Teigkarte jeweils von außen nach innen zur Mitte falten. Die Teigstücke mit Mehl bestreuen und anschließend zu zwei unregelmäßigen Broten auf ein mit Backpapier belegtes Backblech legen und mit Mehl bestäuben.

3. Ein zweites Backblech oder eine Fettpfanne umgedreht auf das Blech mit den beiden Teigstücken legen. Die Teigstücke mindestens 60 Minuten bei Zimmertemperatur gehen lassen, bis sie deutlich größer geworden sind.

4. Den Backofen vorheizen.
Ober-/Unterhitze: etwa 220 °C
Heißluft: etwa 160 °C

5. Das Backblech in den vorgeheizten Backofen schieben. Mit einer Sprühflasche etwas Wasser an die Backofenseiten und auf den Ofenboden sprühen und sofort den Backofen schließen. Die Ciabattas **etwa 25 Minuten backen.**

6. Fertige Brote auf ein Kuchengitter legen und erkalten lassen.

TIPP:
Gefrorene Ciabattas in der Verpackung auftauen lassen und bei der angegebenen Backofentemperatur etwa 5 Minuten aufbacken.

DINKEL-KASTANIEN-BAGUETTES

ZUBEREITUNGSZEIT:
20 Minuten, ohne Abkühlzeit

RUHE-/TEIGGEHZEIT:
etwa 2 Stunden

BACKZEIT:
etwa 25 Minuten

ZUTATEN FÜR 2 BROTE

FÜR DEN HEFETEIG:
200 g gegarte Maronen (vakuumverpackt)
200 g Dinkel-Vollkornmehl
200 g Dinkelmehl (Type 630)
100 g Kastanienmehl
42 g frische Hefe
2 gestr. TL Salz
1 EL Honig
275 ml lauwarmes Wasser

PRO BROT:
E: 40 g, F: 20 g, Kh: 220 g, kcal: 1200

1. Für den Teig die Maronen hacken. Die Mehle und Maronen in einer großen Rührschüssel vermischen. Die Hefe darüber bröseln. Salz, Honig und Wasser hinzufügen.

2. Alle Zutaten mit einem Mixer (Knethaken) zunächst kurz auf niedrigster, dann auf höchster Stufe in etwa 5 Minuten zu einem glatten Teig verarbeiten.

3. Den Teig leicht mit Mehl bestäuben und zugedeckt bei Zimmertemperatur gehen lassen, bis er sich sichtbar vergrößert hat, etwa 1 Stunde.

4. Den gegangenen Teig auf der leicht bemehlten Arbeitsfläche kurz verkneten, halbieren und zu zwei Stangen (etwa 35 cm lang) formen. Auf ein Backblech (gefettet, mit Backpapier belegt) legen.

5. Die Teigoberfläche mit einem scharfen Messer mehrmals kreuzweise etwa 1 cm tief einschneiden. Mit Mehl bestäuben und zugedeckt bei Zimmertemperatur nochmals gehen lassen, etwa 1 Stunde.

6. Den Backofen vorheizen.
Ober-/Unterhitze: etwa 230 °C
Heißluft: etwa 210 °C

7. Die Teigoberfläche mit Wasser bestreichen. Das Backblech in den vorgeheizten Backofen (unteres Drittel) schieben. Die Baguettes **etwa 25 Minuten backen.**

8. Das Backblech auf ein Kuchengitter stellen. Die Baguettes darauf erkalten lassen.

TIPP:
Da Kastanienmehl glutenfrei ist, wird es beim Backen mit anderen Mehlsorten kombiniert. Dadurch erhält der Teig eine dunklere Färbung und wird besonders saftig. Man bekommt das nahrhafte Mehl im Reformhaus oder Bioladen.

DINKEL-TOASTBROT

OHNE KNETEN

ZUBEREITUNGSZEIT:
20 Minuten, ohne Abkühlzeit

RUHE-/GEHZEIT:
etwa 15 Stunden

BACKZEIT:
etwa 45 Minuten

ZUTATEN FÜR 1 BROT

FÜR DEN HEFETEIG:
250 ml lauwarmes Wasser
125 ml Milch (3,5 % Fett)
10 g frische Hefe
2 TL flüssiger Honig
350 g Dinkelmehl (Type 630)
150 g Weizenmehl (Type 1050)
1 EL Apfelessig
1 ½ gestr. TL Salz
75 g zerlassene, etwas abgekühlte Butter
1 Ei (Größe M)

ZUSÄTZLICH:
Frischhaltefolie

INSGESAMT:
E: 80 g, F: 80 g, Kh: 360 g, kcal: 2480

1. Für den Hefeteig Wasser und Milch in eine große Rührschüssel gießen. Hefe hineinbröckeln, Honig zugeben und unter Rühren darin auflösen. Mehl, Essig, Salz, Butter und Ei hinzugeben. Die Zutaten mit einem Kochlöffel zu einem glatten, weichen Teig verrühren.

2. Die Rührschüssel mit Frischhaltefolie zudecken und an einem kühlen Ort (nicht im Kühlschrank) gehen lassen, etwa 15 Stunden.

3. Eine Kastenform (30 x 11 cm, gefettet) möglichst faltenfrei mit Backpapier auslegen. Den Backofen vorheizen.
Ober-/Unterhitze: etwa 240 °C
Heißluft: etwa 220 °C

4. Den Teig auf die bemehlte Arbeitsfläche geben und mithilfe einer Teigkarte zügig mehrmals von außen nach innen falten. Den sehr weichen Teig mit bemehlten Händen oder mithilfe einer Pizzaschaufel in die Kastenform legen (die untere, glatte Seite nach oben).

5. Die Form auf den Rost in den vorgeheizten Backofen schieben. Die Ofentemperatur auf 180 °C reduzieren. Das Toastbrot **etwa 45 Minuten backen.**

6. Die Form auf einen Kuchenrost stellen. Das Toastbrot etwa 20 Minuten in der Form stehenlassen, dann aus der Form lösen und auf dem Kuchenrost noch lauwarm abkühlen lassen.

7. Das Toastbrot in einen großen Gefrierbeutel geben und den Beutel gut verschließen. So wird die Kruste – wie bei Toastbrot gewünscht – weich.

TIPP:
Achten Sie beim Anrühren des Teiges auf die Tageszeit. Das Brot hat eine lange Gehzeit. Am besten lassen Sie es über Nacht gehen.

EINFACHES NO KNEAD BREAD

OHNE KNETEN
VEGAN

ZUBEREITUNGSZEIT:
20 Minuten, ohne Abkühlzeit

RUHE-/GEHZEIT:
etwa 15 Stunden

BACKZEIT:
etwa 55 Minuten

ZUTATEN FÜR 1 BROT

FÜR DEN HEFETEIG:
325 ml Wasser
10 g frische Hefe
400 g Dinkelmehl (Type 630)
2 EL Weißweinessig
1 ½ gestr. TL Salz

ZUSÄTZLICH:
1 ofenfester Topf (Ø 24 cm)

INSGESAMT:
E: 58 g, F: 6 g, Kh: 310 g, kcal: 1552

1. Für den Teig Wasser in eine große Rührschüssel gießen. Hefe hineinbröckeln und unter Rühren darin auflösen. Mehl, Essig und Salz hinzugeben. Die Zutaten mit einem Kochlöffel zu einem glatten, weichen Teig verrühren.

2. Die Rührschüssel mit Frischhaltefolie zudecken. Den Teig an einem kühlen Ort (nicht im Kühlschrank) gehen lassen, etwa 15 Stunden.

3. Den Topf möglichst faltenfrei mit Backpapier auslegen.

4. Den Backofen vorheizen.
Ober-/Unterhitze: etwa 240 °C
Heißluft: etwa 220 °C

5. Den Teig auf die gut bemehlte Arbeitsfläche geben und mithilfe einer Teigkarte zügig mehrmals von außen nach innen falten. Den sehr weichen Teig mit bemehlten Händen in den Topf legen (untere, glatte Seite nach oben). Topf mit einem ofenfesten Deckel verschließen.

6. Den Topf auf dem Rost in den vorgeheizten Backofen schieben. Das Brot **etwa 40 Minuten backen.** Danach den Deckel entfernen. Die Backofentemperatur um 40 °C auf Ober-/Unterhitze: etwa 200 °C, Heißluft: etwa 180 °C herunterschalten. Das Brot ohne Deckel **weitere etwa 15 Minuten backen.**

7. Den Topf auf einen Kuchenrost stellen. Das Brot erkalten lassen.

TIPPS:
Achten Sie beim Anrühren des Teiges auf die Tageszeit. Der Teig hat eine lange Gehzeit, er kann gut über Nacht gehen.
Eine besonders knusprige Kruste bekommt das Brot in einem gusseisernen Topf.
Sie können den Teig nach Belieben mit 1 Teelöffel Kümmelsamen oder 1 Esslöffel klein geschnittenen Rosmarinnadeln oder 1 Teelöffel getrockneten Kräutern der Provence oder 1 Esslöffel Röstzwiebeln würzen.
Das Brot kann auch in einer Springform (Ø 24 cm) gebacken werden. Verschließen Sie dann die Form mit Alufolie.

FOCACCIA

VEGAN

ZUBEREITUNGSZEIT:
40 Minuten

RUHE-/TEIGGEHZEIT:
etwa 1 Stunde und 40 Minuten

BACKZEIT:
etwa 35 Minuten

ZUTATEN FÜR 1 BROT

FÜR DEN HEFETEIG:
600 g Weizenmehl
42 g frische Hefe
350 ml lauwarmes Wasser
1 gestr. TL Salz
50 ml Olivenöl

FÜR DAS KRÄUTERÖL:
1 Knoblauchzehe
1 Stängel Rosmarin
50 ml Olivenöl
1 gestr. TL grobes Meersalz

INSGESAMT:
E: 69 g, F: 107 g, Kh: 450 g, kcal: 3084

1. Für den Teig Mehl in eine Rührschüssel geben. In die Mitte eine Vertiefung eindrücken. Hefe hineinbröckeln, etwas Wasser hinzufügen. Mit einem kleinen Teil Mehl mit einer Gabel vorsichtig verrühren und etwa 10 Minuten stehen lassen.

2. Anschließend Salz, Olivenöl und restliches Wasser hinzufügen. Die Zutaten mit einem Mixer (Knethaken) zunächst kurz auf niedrigster, dann auf höchster Stufe in etwa 5 Minuten zu einem glatten Teig verarbeiten. Den Teig leicht mit Mehl bestäuben und zugedeckt so lange an einem warmen Ort gehen lassen, bis er sich sichtbar vergrößert hat, etwa 1 Stunde.

3. Den gegangenen Teig auf der leicht bemehlten Arbeitsfläche nochmals kurz verkneten und zu einem Fladen formen. Teigfladen auf ein Backblech (mit Backpapier belegt) legen und flach drücken. Den Teigfladen zugedeckt nochmals so lange an einem warmen Ort gehen lassen, bis er sich sichtbar vergrößert hat, etwa 30 Minuten.

4. In der Zwischenzeit den Backofen vorheizen.
Ober-/Unterhitze: etwa 200 °C
Heißluft: etwa 180 °C

5. Für das Kräuteröl Knoblauch abziehen und klein würfeln. Rosmarin abspülen und trocken tupfen. Die Nadeln von dem Stängeln zupfen. Das Olivenöl mit Knoblauch und Rosmarin vermischen.

6. Mit einem Löffelstiel Vertiefungen in den Teigfladen drücken. Das Kräuteröl darauf verteilen, mit Meersalz bestreuen.

7. Das Backblech in den vorgeheizten Backofen schieben. Focaccia **etwa 35 Minuten backen.**

8. Focaccia mit dem Backpapier auf einen Kuchenrost ziehen und darauf erkalten lassen.

TIPP:
Sie können den Teig auch vierteln und 4 kleine Focaccia backen.

HEFEZOPF

ZUBEREITUNGSZEIT:
35 Minuten

RUHE-/TEIGGEHZEIT:
etwa 1 Stunde

BACKZEIT:
etwa 35 Minuten

ZUTATEN FÜR 1 ZOPF

FÜR DEN HEFETEIG:
250 g Schlagsahne (mind. 30 % Fett)
500 g Weizenmehl
1 Pck. Trockenbackhefe
80 g Zucker
1 Pck. Vanillin-Zucker
1 Pck. Finesse Geriebene Zitronenschale
1 Prise Salz
2 Eier (Größe M)
1 Eiweiß (Größe M)
100 g gehackte Mandeln

ZUM BESTREICHEN:
1 Eigelb
1 EL Milch (3,5 % Fett)

INSGESAMT:
E: 84 g, F: 108 g, Kh: 468 g, kcal: 3180

1. Für den Teig die Sahne in einem kleinen Topf lauwarm erwärmen. Mehl in eine Rührschüssel geben und mit der Trockenbackhefe sorgfältig vermischen. Zucker, Vanillin-Zucker, Zitronenschale, Salz, Eier, Eiweiß und die warme Sahne hinzufügen.

2. Die Zutaten mit einem Mixer (Knethaken) zunächst kurz auf niedrigster, dann auf höchster Stufe in etwa 5 Minuten zu einem glatten Teig verarbeiten.

3. Den Teig zugedeckt so lange an einem warmen Ort gehen lassen, bis er sich sichtbar vergrößert hat, etwa 30 Minuten.

4. Den Teig auf der leicht bemehlten Arbeitsfläche nochmals kurz verkneten, dabei 80 g Mandeln unterkneten. Aus zwei Dritteln des Teiges 3 Rollen (je etwa 40 cm lang) formen. Die 3 Teigrollen zu einem Zopf flechten und auf ein Backblech (mit Backpapier belegt) legen. Die Enden unter den Zopf schlagen. Mit einer Teigrolle der Länge nach eine Vertiefung in den Zopf drücken.

5. Zum Bestreichen das Eigelb mit der Milch verschlagen. Dann die Vertiefung mit etwas Eigelbmilch bestreichen und restliche Mandeln auf den Zopf streuen.

6. Aus dem restlichen Teig 3 Rollen (etwa 35 cm lang) formen. Daraus ebenfalls einen Zopf flechten. Die Enden unter den Zopf schlagen. Den kleineren Zopf auf den größeren in die Vertiefung legen und ebenfalls mit Eigelbmilch bestreichen.

7. Den Teigzopf nochmals zugedeckt so lange an einem warmen Ort gehen lassen, bis er sich sichtbar vergrößert hat, etwa 30 Minuten.

8. In der Zwischenzeit den Backofen vorheizen.
Ober-/Unterhitze: etwa 180 °C
Heißluft: etwa 160 °C

9. Das Backblech in den vorgeheizten Backofen schieben. Den Hefezopf **etwa 35 Minuten backen.**

10. Den Hefezopf mit dem Backpapier von dem Backblech auf einen Kuchenrost ziehen und erkalten lassen.

TIPP:
Möchten Sie den Hefezopf ganz frisch zum Frühstück servieren, stellen Sie ihn bis Punkt 6 fertig, ohne den Zopf mit der Eigelbmilch zu bestreichen. Den Hefezopf dann zugedeckt in den Kühlschrank stellen. Am nächsten Morgen heizen Sie den Backofen wie angegeben vor, bestreichen den gegangenen Hefezopf mit der Eigelbmilch, bestreuen ihn mit Mandeln und backen den Zopf wie beschrieben.

HÜTTENBROT

ZUBEREITUNGSZEIT:
50 Minuten

RUHE-/TEIGGEHZEIT:
etwa 2 Stunden und 5 Minuten

BACKZEIT:
etwa 55 Minuten

ZUTATEN FÜR 1 BROT

FÜR DEN VORTEIG:
400 ml lauwarmes Wasser
400 g Buttermilch (zimmerwarm)
21 g frische Hefe
1 gestr. TL Zucker
600 g Weizenmehl (Type 550)

FÜR DEN TEIG:
600 g Weizenmehl (Type 550)
100 g Butter (zimmerwarm)
150 g Hartweizengrieß
2–3 gestr. TL Salz

INSGESAMT:
E: 162 g, F: 100 g, Kh: 996 g, kcal: 5605

1. Für den Vorteig Wasser und Buttermilch in die Rührschüssel einer Küchenmaschine gießen. Hefe hineinbröckeln, Zucker hinzugeben und unter Rühren darin auflösen. Das Mehl hinzufügen.

2. Alle Zutaten mit der Küchenmaschine (Knethaken) in etwa 1 Minute zu einem weichen Vorteig verkneten.

3. Für den Teig das Mehl auf dem Vorteig verteilen. Butter, Grieß und Salz daraufgeben.

4. Den Teig zugedeckt so lange an einem warmen Ort gehen lassen, bis er sich sichtbar vergrößert hat, etwa 1 Stunde.

5. Den gegangenen Teig mit der Küchenmaschine (Knethaken) auf mittlerer Stufe etwa 5 Minuten zu einem glatten Teig verkneten.

6. Dann den Teig auf eine leicht bemehlte Arbeitsfläche geben und mit den Händen weitere 3–5 Minuten verkneten.

7. Den Teig zu einer Kugel formen. Die Teigkugel in Frischhaltefolie gewickelt etwa 5 Minuten ruhen lassen.

8. Anschließend die Teigkugel in 3 gleich große Portionen teilen. Aus 2 Portionen eine große Kugel formen und auf ein Backblech (gefettet, mit Backpapier belegt) legen. Mit einem Holzlöffelstiel ein Loch in die Mitte drücken und etwas auseinanderziehen.

9. Aus der dritten Teigportion ebenfalls eine Kugel formen und auf den großen Teigring legen. Die Oberfläche beider Teigringe mehrfach von innen nach außen mit einem scharfen Messer einschneiden.

10. Den Teiglaib mit Frischhaltefolie zugedeckt so lange an einem warmen Ort gehen lassen, bis er sich sichtbar vergrößert hat, etwa 1 Stunde. Dann die Frischhaltefolie entfernen.

11. Das Backblech in den kalten Backofen schieben. Den Backofen einschalten.
Ober-/Unterhitze: etwa 200 °C
Heißluft: etwa 180 °C

12. Das Brot **etwa 55 Minuten backen.**

13. Das Hüttenbrot auf einem Kuchenrost erkalten lassen.

REZEPTABWANDLUNG:
Verfeinern Sie das Hüttenbrot mit unterschiedlichen Zutaten. Kneten Sie unter Punkt 9 unter ein Drittel des Teiges 3–4 Esslöffel Röstzwiebeln (Fertigprodukt). Unter das zweite Drittel arbeiten Sie gut abgetropfte klein geschnittene und getrocknete Tomaten. Unter das letzte Drittel kneten Sie nach Belieben entweder 100 g fein gewürfelten, kräftigen Käse (z. B. mittelalten Gouda) oder die gleiche Menge fein gewürfelte Salami.

ITALIENISCHES OFENBROT

OHNE KNETEN
VEGAN

ZUBEREITUNGSZEIT:
20 Minuten

RUHE-/TEIGGEHZEIT:
etwa 15 Stunden

BACKZEIT:
etwa 55 Minuten

ZUTATEN FÜR 1 BROT

FÜR DEN HEFETEIG:
325 ml Wasser
10 g frische Hefe
1 TL Zucker
200 g Weizenmehl (Type 550)
200 g Vollkorn-Weizenmehl
50 ml Olivenöl
50 g Weichweizengrieß
1 EL Weißweinessig
2 gestr. TL Salz

ZUM BESTÄUBEN:
etwas Weizenmehl

INSGESAMT:
E: 52 g, F: 57 g, Kh: 306 g, kcal: 2012

1. Für den Teig Wasser in eine Rührschüssel gießen. Hefe hineinbröckeln, Zucker zugeben und unter Rühren darin auflösen. Mehle, Öl, Grieß, Essig und Salz hinzugeben. Die Zutaten mit einem Kochlöffel zu einem glatten, weichen Teig verrühren.

2. Die Rührschüssel mit Frischhaltefolie zudecken und an einem kühlen Ort (nicht im Kühlschrank) gehen lassen, etwa 15 Stunden.

3. Einen ofenfesten Topf (Ø 24 cm) möglichst faltenfrei mit Backpapier auslegen.

4. Den Backofen vorheizen.
Ober-/Unterhitze: etwa 240 °C
Heißluft: etwa 220 °C

5. Den Teig auf die bemehlte Arbeitsfläche geben und mithilfe einer Teigkarte zügig mehrmals von außen nach innen falten. Den sehr weichen Teig mit bemehlten Händen in den Topf legen (untere, glatte Seite nach oben). Topf mit einem ofenfesten Deckel verschließen.

6. Den Topf auf dem Rost in den vorgeheizten Backofen schieben. Das Brot **etwa 40 Minuten backen.** Anschließend den Deckel entfernen. Die Backofentemperatur um 40 °C auf Ober-/Unterhitze: etwa 200 °C, Heißluft: etwa 180 °C herunterschalten. Das Brot ohne Deckel **weitere etwa 15 Minuten backen.**

7. Den Topf auf einen Kuchenrost stellen. Das Brot erkalten lassen.

TIPP:
Sollte von dem Ofenbrot etwas übrig bleiben, lässt es sich gut zum Kochen weiterverwenden. Sie können z. B. einen Brotsalat oder Croûtons für Salate oder Suppen daraus zubereiten. Schneiden Sie dafür das Brot in etwa 2 cm große Würfel oder dünne Scheibchen. Rösten Sie die Brotstücke in wenig Fett bei mittlerer Hitze unter gelegentlichem Rühren in 8–10 Minuten hellbraun. Geben Sie die Croûtons dann kurz vor dem Servieren über Salat oder Suppe.

KARTOFFELBROT

ZUBEREITUNGSZEIT:
1 Stunde, ohne Abkühlzeit

RUHE-/TEIGGEHZEIT:
etwa 1 Stunde und 5 Minuten

BACKZEIT:
etwa 60-70 Minuten

ZUTATEN FÜR 1 BROT

FÜR DEN HEFETEIG:
250 g mehligkochende Kartoffeln
75 ml lauwarme Milch (3,5 % Fett)
21 g frische Hefe
1 gestr. TL Zucker
375 g Weizenmehl (Type 1050)
1 gestr. TL Salz
30 g Butter (zimmerwarm)
75 ml lauwarmes Wasser
½ mittelgroßer Apfel, z. B. Boskop
75 g Sonnenblumenkerne, geröstet

INSGESAMT:
E: 91 g, F: 71 g, Kh: 360 g, kcal: 2464

1. Die Kartoffeln unter fließendem Wasser abbürsten, knapp mit Wasser bedeckt, zugedeckt zum Kochen bringen und in 20–25 Minuten gar kochen. Die Kartoffeln abgießen, mit kaltem Wasser abschrecken und abtropfen lassen. Kartoffeln noch warm pellen und sofort durch eine Kartoffelpresse drücken. Kartoffelmasse lauwarm abkühlen lassen.

2. Die Milch in eine kleine Schüssel gießen. Die Hefe hineinbröckeln, den Zucker hinzugeben und unter Rühren auflösen. Die Hefemilch an einem warmen Ort stehen lassen, etwa 5 Minuten.

3. Mehl in eine Rührschüssel geben. Die Kartoffelmasse hinzufügen und kurz mit einem Mixer (Knethaken) vermengen. Salz und Butter kurz unterarbeiten. Hefemilch und Wasser zu der Kartoffel-Mehl-Masse geben. Die Zutaten mit einem Mixer (Knethaken) zunächst kurz auf niedrigster, dann auf höchster Stufe in etwa 5 Minuten zu einem glatten Teig verkneten.

4. Die Apfelhälfte schälen, halbieren, entkernen und raspeln. Apfelraspel und Sonnenblumenkerne unter den Teig arbeiten. Den Teig zugedeckt so lange an einem warmen Ort gehen lassen, bis er sich sichtbar vergrößert hat, etwa 30 Minuten.

5. Den Teig auf der leicht bemehlten Arbeitsfläche nochmals kurz verkneten und zu einer Rolle (etwa 28 cm lang) formen. Die Teigrolle in eine Kastenform (30 x 11 cm, gefettet) geben. Den Teig nochmals zugedeckt so lange an einem warmen Ort gehen lassen, bis er sich sichtbar vergrößert hat, etwa 30 Minuten.

6. In der Zwischenzeit den Backofen vorheizen.
Ober-/Unterhitze: etwa 180 °C
Heißluft: etwa 160 °C

7. Die Teigoberfläche mit etwas Wasser bestreichen, dünn mit Mehl bestäuben und mit einem sehr scharfen Sägemesser der Länge nach etwa 1 cm tief einschneiden, nicht drücken.

8. Form auf dem Rost in den vorgeheizten Backofen schieben. Das Brot **60–70 Minuten backen.**

9. Das Brot aus der Form lösen und auf einem Kuchenrost erkalten lassen.

KORNBROT NACH RHEINISCHER ART

OHNE KNETEN

ZUBEREITUNGSZEIT:
15 Minuten, ohne Abkühlzeit

RUHE-/GEHZEIT:
etwa 10 Minuten

BACKZEIT:
etwa 3 Stunden

ZUTATEN FÜR 1 BROT

FÜR DEN HEFETEIG:
550 g Buttermilch
42 g frische Hefe
150 g Zuckerrübensirup
300 g Weizenmehl
160 g Roggenschrot
160 g Weizenschrot
80 g Leinsamen
80 g Sesamsamen
50 g Sonnenblumenkerne
1 ½ gestr. EL Salz

INSGESAMT:
E: 150 g, F: 100 g, Kh: 550 g, kcal: 3900

1. Für den Hefeteig 300 g Buttermilch leicht erwärmen. Die Hefe hineinbröckeln. Sirup hinzugießen und alles gründlich verrühren. Zugedeckt bei Zimmertemperatur etwa 10 Minuten gehen lassen.

2. Mehl, Roggen- und Weizenschrot, Leinsamen, Sesam, Sonnenblumenkerne und Salz in einer großen Rührschüssel vermischen. Die Buttermilch-Hefe-Masse mit der restlichen Buttermilch zu der Mehlmischung in die Schüssel gießen und alles mit einem grobzinkigen Schneebesen verrühren, sodass keine Mehlklümpchen mehr vorhanden sind.

3. Den Backofen vorheizen.
Ober-Unterhitze: etwa 150 °C
Heißluft: nicht geeignet

4. Den Teig in eine Kastenform (30 x 11 cm, mit Backpapier ausgelegt) oder Brotbackform geben. Die Form auf dem Rost in den vorgeheizten Backofen schieben. Das Brot **etwa 3 Stunden backen.**

5. Nach etwa 2 Stunden Backzeit das Brot mit Backpapier oder Alufolie belegen, damit die Oberfläche nicht zu stark bräunt.

6. Die Form auf einen Kuchenrost stellen. Das Brot etwa 20 Minuten abkühlen lassen. Dann aus der Form lösen und erkalten lassen.

TIPPS:
Eine lange Backzeit bei relativ niedriger Temperatur sorgt bei diesem Brot dafür, dass die enthaltenen Kohlenhydrate (aus Mehl und Zuckerrübensirup) karamellisieren und dem Brot eine schöne dunkle Farbe und eine leicht malzige Geschmacksnote geben.
Durch Zuckerrübensirup und Buttermilch schmeckt der Teig feinsäuerlich. Das Brot ist schön saftig und hält sich lange frisch (etwa 7 Tage). Es lässt sich aber auch für etwa 3 Monate einfrieren.

KRAFTBROT

VEGAN

ZUBEREITUNGSZEIT:
45 Minuten, ohne Abkühlzeit

RUHE-/TEIGGEHZEIT:
etwa 1 Stunden und 40 Minuten

BACKZEIT:
etwa 35 Minuten

ZUTATEN FÜR 1 BROT

ZUM VORBEREITEN:
200 g Möhren
100 g Walnusskerne
100 g Haselnusskerne

FÜR DEN HEFETEIG:
100 g Roggenmehl (Type 1150)
400 g Dinkel-Vollkornmehl
1 Pck. Trockenbackhefe
2 gestr. TL Salz
250 ml lauwarmes Wasser

ZUM BESTÄUBEN:
etwas Roggen- oder Dinkelmehl

INSGESAMT:
E: 99 g, F: 139 g, Kh: 381 g, kcal: 3166

1. Zum Vorbereiten die Möhren putzen, schälen, abspülen, abtrocknen und fein raspeln. Walnuss- und Haselnusskerne grob hacken.

2. Für den Teig beide Mehlsorten in eine Rührschüssel geben und mit Trockenbackhefe sorgfältig vermischen. Salz, Wasser, Möhrenraspel und gehackte Nüsse hinzufügen. Die Zutaten mit einem Mixer (Knethaken) erst kurz auf niedrigster, dann auf höchster Stufe in etwa 5 Minuten zu einem glatten Teig verarbeiten.

3. Teig leicht mit Mehl bestäuben und zugedeckt so lange an einem warmen Ort gehen lassen, bis er sich sichtbar vergrößert hat, etwa 1 Stunde.

4. Teig auf der leicht bemehlten Arbeitsfläche nochmals kurz verkneten und zu einer Rolle (etwa 28 cm lang) formen. Die Teigrolle in eine Kastenform (30 x 11 cm, gefettet, bemehlt) legen, mit Mehl bestäuben und zugedeckt nochmals an einem warmen Ort so lange gehen lassen, bis sie sich sichtbar vergrößert hat, etwa 40 Minuten.

5. Den Backofen vorheizen.
Ober-/Unterhitze: etwa 250 °C
Heißluft: etwa 230 °C

6. Teigoberfläche mehrmals mit einem sehr scharfen Sägemesser diagonal kreuzweise etwa ½ cm tief einschneiden, nicht drücken.

7. Die Form auf dem Rost in den vorgeheizten Backofen schieben. Das Brot **etwa 10 Minuten backen.**

8. Dann die Backofentemperatur um 50 °C auf Ober-/Unterhitze: etwa 200 °C, Heißluft: etwa 180 °C herunterschalten. Das Brot **weitere 25 Minuten backen.**

9. Das Brot auf einen Kuchenrost stürzen, umdrehen und auf dem Kuchenrost erkalten lassen.

TIPP:
Wenn Sie einen Teil der Nüsse durch klein geschnittene Pistazien ersetzen, sieht das Brot besonders schön aus.

KRUSTENWEISSBROT

OHNE KNETEN
VEGAN

ZUBEREITUNGSZEIT:
30 Minuten

RUHE-/TEIGGEHZEIT:
etwa 15 Stunden

BACKZEIT:
etwa 45 Minuten

ZUTATEN FÜR 1 BROT

FÜR DEN HEFETEIG:
300 ml lauwarmes Wasser
10 g frische Hefe
1 Prise Zucker
70 g Roggenmehl (Type 1150)
450 g Weizenmehl (Type 550)
2 EL veganer heller Essig, z. B. Apfelessig
2 gestr. TL Salz
1 EL Speiseöl

ZUSÄTZLICH:
1 gusseiserner Topf (Ø 22 cm)

INSGESAMT:
E: 56 g, F: 16 g, Kh: 372 g, kcal: 1921

1. Für den Teig Wasser in eine Rührschüssel gießen. Hefe hineinbröckeln, Zucker zugeben und unter Rühren darin auflösen. Beide Mehlsorten, Essig, Salz und Öl hinzugeben. Die Zutaten mit einem Kochlöffel zu einem glatten, weichen Teig verrühren.

2. Die Rührschüssel mit Frischhaltefolie zudecken und an einem kühlen Ort (nicht im Kühlschrank) gehen lassen, etwa 15 Stunden.

3. Den Topf möglichst faltenfrei mit Backpapier auslegen.

4. Den Backofen vorheizen.
Ober-/Unterhitze: etwa 240 °C
Heißluft: etwa 220 °C

5. Den Teig auf die bemehlte Arbeitsfläche geben und mithilfe einer Teigkarte zügig mehrmals von außen nach innen falten. Den sehr weichen Teig mit bemehlten Händen in den Topf legen (untere, glatte Seite nach oben). Topf mit einem ofenfesten Deckel verschließen.

6. Den Topf auf dem Rost in den vorgeheizten Backofen schieben. Das Brot **etwa 30 Minuten backen.** Anschließend den Deckel entfernen. Die Backofentemperatur um 40 °C auf Ober-/Unterhitze: etwa 200 °C, Heißluft: etwa 180 °C herunterschalten. Das Brot ohne Deckel **weitere etwa 15 Minuten backen.**

7. Den Topf auf einen Kuchenrost stellen und etwas abkühlen lassen. Anschließend das Krustenweißbrot aus dem Topf stürzen, umdrehen und vollständig erkalten lassen.

TIPPS:
Eventuelle Reste von einfachem Weißbrot lassen sich vielfältig verwenden. 2–3 Scheiben in kaltem Wasser einweichen, gut ausdrücken und unter etwa 500 g Hackfleisch kneten. Das macht Frikadellen/Fleischpflanzerl schön locker.
Oder Sie bereiten daraus köstlich knusprige Croûtons zu, die sich wunderbar als Topping auf Salaten oder zu cremigen Suppen eignen. Dafür einfach das Weißbrot in Würfel von gewünschter Größe schneiden. Etwas Butter, Margarine oder Olivenöl bei mittlerer Hitze in einer Pfanne erhitzen und nach Belieben 1 abgezogene, grob zerdrückte Knoblauchzehe hinzugeben. Die Brotwürfel in die Pfanne geben und bei schwacher Hitze unter ständigem Rühren rösten. Falls erforderlich, noch etwas Butter, Margarine oder Olivenöl hinzugeben. Die Croûtons nach dem Rösten leicht salzen oder mit Kräutern verfeinern.

MEHRKORNBROT

OHNE KNETEN
VEGAN

VORBEREITUNG:
1 Tag im Voraus

ZUBEREITUNGSZEIT:
15 Minuten, ohne Teiggehzeit

RUHE-/GEHZEIT:
16–18 Stunden

BACKZEIT
45–60 Minuten

ZUTATEN FÜR 1 BROT

FÜR DEN HEFETEIG:
150 g Roggenmehl (Type 997)
100 g Dinkelmehl (Type 630)
100 g Weizenvollkornmehl
50 g kernige Haferflocken
1 ½ TL Trockenbackhefe
1 ½ TL Salz, 1 TL Brotgewürz
300 ml lauwarmes Wasser
30 g dunkler Zuckerrüben- oder Malzsirup

ZUSÄTZLICH:
1 gusseiserner Topf mit Deckel (Ø etwa 22 cm)
1–2 EL kernige Haferflocken

INSGESAMT:
E: 54 g, F: 18 g, Kh: 288 g, kcal: 1494

1. Für den Hefeteig Mehle, Haferflocken, Hefe, Salz und Brotgewürz in einer Rührschüssel mischen. 300 ml Wasser und Sirup verrühren und dazugeben. Die Zutaten mit einem Kochlöffel oder einem Mixer (Knethaken) zu einem klebrigen Teig verrühren und mit etwas Mehl bestäuben. Die Schüssel zudecken. Den Teig 16–18 Stunden im Kühlschrank ruhen lassen.

2. Den Brotteig etwa 30 Minuten vor der weiteren Verarbeitung aus dem Kühlschrank nehmen und bei Zimmertemperatur stehen lassen.

3. Einen Bogen Backpapier in der Größe des Topfes zuschneiden. Den geschlossenen Topf in den kalten Backofen stellen, den Backofen vorheizen.
Ober-/Unterhitze: 230 °C
Heißluft: nicht empfehlenswert

4. Teig dann auf die mit Mehl bestäubte Arbeitsfläche geben. Die Teigränder mit einer Teigkarte von außen zur Mitte klappen, damit der Teig rund wird.

5. Den Teig auf das Backpapier legen, mit Wasser bestreichen und mit Haferflocken bestreuen. Das Brot mit dem Backpapier in den heißen Topf legen. Den Topf wieder verschließen und auf dem Rost in den Backofen (unteres Drittel) stellen. Den Teig zugedeckt **etwa 35 Minuten backen.**

6. Die Temperatur auf 200 °C reduzieren. Den Deckel abnehmen, das Brot **weitere 10–15 Minuten backen.**

7. Den Topf auf einen Kuchenrost stellen, nach 5 Minuten das Brot aus der Form nehmen, auf einen Rost legen und abkühlen lassen.

TIPP:
Wenn Sie keinen gusseisernen Topf besitzen, können Sie auch einen anderen ofenfesten verwenden.

MÖHREN-SONNEN-BLUMENKERN-BROT

ZUBEREITUNGSZEIT:
20 Minuten

RUHE-/GEHZEIT:
etwa 25 Minuten

BACKZEIT:
etwa 45 Minuten

ZUTATEN FÜR 1 BROT

ZUM VORBEREITEN:
240 g Möhren

FÜR DEN HEFETEIG:
700 g Weizenmehl (Type 550)
2 Pck. Trockenbackhefe
175 g Sonnenblumenkerne
2 gestr. TL Zucker
3 TL Salz
500 ml warmes Wasser

ZUSÄTZLICH:
25 g Sonnenblumenkerne

INSGESAMT:
E: 127 g, F: 110 g, Kh: 572 g,
kcal: 3895

1. Zum Vorbereiten Möhren putzen, schälen, abspülen, abtropfen lassen und grob raspeln.

2. Für den Teig das Mehl in eine Rührschüssel geben und mit der Trockenbackhefe sorgfältig vermischen. Restliche Zutaten für den Teig und die Möhrenraspel hinzufügen und mit einem Mixer (Knethaken) zunächst kurz auf niedrigster, dann auf höchster Stufe in etwa 5 Minuten zu einem glatten Teig verarbeiten. Den Teig leicht mit Mehl bestäuben und zugedeckt so lange an einem warmen Ort gehen lassen, bis er sich sichtbar vergrößert hat, etwa 15 Minuten.

3. In der Zwischenzeit den Backofen vorheizen.
Ober-/Unterhitze: etwa 200 °C
Heißluft: etwa 180 °C

4. Den gegangenen Teig leicht mit Mehl bestäuben und nochmals kurz mit einem Mixer (Knethaken) verkneten. Den Teig mithilfe einer Teigkarte in eine Kastenform (30 x 11 cm, gefettet, mit Sonnenblumenkernen ausgestreut) füllen und eventuell mit einem angefeuchteten Teigschaber glatt streichen. Den Hefeteig nochmals zugedeckt so lange an einem warmen Ort gehen lassen, bis er sich sichtbar vergrößert hat, etwa 10 Minuten.

5. Die Form auf dem Rost in den vorgeheizten Backofen (unteres Drittel) schieben. Das Brot **etwa 45 Minuten backen.** Das Brot nach etwa 10 Minuten Backzeit der Länge nach mit einem spitzen Messer etwa 1 cm tief einschneiden, nicht drücken.

6. Das Brot auf einen Kuchenrost stürzen, wieder umdrehen und erkalten lassen.

MÜSLI-WEIZEN-BROT

VEGAN

ZUBEREITUNGSZEIT:
30 Minuten

RUHE-/GEHZEIT:
etwa 2 Stunden und 30 Minuten

BACKZEIT:
etwa 45 Minuten

ZUTATEN FÜR 1 BROT

FÜR DEN VORTEIG:
300 ml lauwarmes Wasser
21 g frische Hefe
1 gestr. TL Zucker
250 g Weizenmehl (Type 1050)
150 g veganes Früchtemüsli (ohne Zuckerzusatz)

FÜR DEN HEFETEIG:
200 g Weizenmehl (Type 1050)
2 gestr. TL Salz
2 EL Olivenöl

INSGESAMT:
E: 76 g, F: 38 g, Kh: 440 g, kcal: 2455

1. Für den Vorteig Wasser in eine Rührschüssel geben. Hefe und Zucker unter Rühren darin auflösen. Mehl hinzufügen und alles mit einem Rührlöffel zu einem weichen Teig verrühren. 1 Esslöffel Müsli beiseitestellen. Restliches Müsli mit einem Mixer (Knethaken) unterarbeiten. Den Vorteig zugedeckt so lange an einem warmen Ort gehen lassen, bis er sich sichtbar vergrößert hat, etwa 1 Stunde.

2. Für den Teig das Mehl auf den Vorteig geben. Anschließend Salz und Olivenöl daraufgeben. Die Zutaten mit einem Mixer (Knethaken) so lange kneten, bis sich der Teig vom Schüsselrand löst, etwa 2 Minuten. Den Teig auf die leicht bemehlte Arbeitsfläche geben und zu einer Kugel formen.

3. Einen flexiblen Metalltortenring oder einen Springformrand (Ø 20 cm, gefettet) auf ein Backblech (mit Backpapier belegt) stellen. Die Teigkugel hineinlegen, mit kaltem Wasser bestreichen und mit dem beiseitegestellten Müsli bestreuen. Müsli leicht festdrücken.

4. Die Teigkugel zugedeckt so lange an einem warmen Ort gehen lassen, bis sie sich sichtbar vergrößert hat, etwa 1 ½ Stunden.

5. Den Backofen vorheizen.
Ober-/Unterhitze: etwa 200 °C
Heißluft: etwa 180 °C

6. Das Backblech in den vorgeheizten Backofen (unteres Drittel) schieben. Das Müslibrot **etwa 45 Minuten backen.**

7. Das Müslibrot nach dem Backen sofort aus dem Tortenring oder Springformrand lösen und auf einen Kuchenrost legen. Müslibrot erkalten lassen.

NO-KNEAD-DINKELBROT

OHNE KNETEN

ZUBEREITUNGSZEIT:
15 Minuten

TEIGGEHZEIT:
etwa 15 Stunden

BACKZEIT:
etwa 60 Minuten

ABKÜHLZEIT:
etwa 1 ½ Stunden

ZUTATEN FÜR 1 BROT

FÜR DEN HEFETEIG:
400 g Dinkelmehl (Type 630)
100 g Weizenmehl (Type 550)
2 gestr. TL Trockenbackhefe
350 ml lauwarmes Wasser
2 EL milder Apfelessig
2 gestr. TL Salz

ZUSÄTZLICH:
Frischhaltefolie
1 ofenfester Gusseisentopf mit Deckel (Ø etwa 24 cm)

INSGESAMT:
E: 54 g, F: 18 g, Kh: 342 g, kcal: 1746

1. Für den Hefeteig Mehle mit Hefe in einer großen Rührschüssel vermischen. Wasser, Essig und Salz hinzufügen. Die Zutaten mit einem Kochlöffel zu einem glatten, weichen Teig verrühren.

2. Die Rührschüssel mit Frischhaltefolie zudecken. Den Teig an einem kühlen Ort (nicht im Kühlschrank) gehen lassen, etwa 15 Stunden.

3. Backofen vorheizen.
Ober-/Unterhitze: etwa 240 °C
Heißluft: etwa 220 °C

4. Den Topf inklusive ofenfestem Deckel auf dem Rost in den Backofen schieben und mit erhitzen.

5. Den weichen Teig auf eine mit Mehl bestäubte Arbeitsfläche geben. Mit einer Teigkarten mehrmals von den Rändern nach innen klappen, sodass ein runder Teigfladen entsteht.

6. Den Topf aus dem Ofen nehmen, auf eine hitzefeste Unterlage stellen. Den Teig in den Topf geben. Deckel rasch auflegen. Topf auf das Gitterrost stellen. Das Brot **etwa 45 Minuten backen.** Danach den Deckel entfernen. Die Backofentemperatur um 40 °C auf Ober-/Unterhitze: etwa 200 °C, Heißluft: etwa 180 °C herunterschalten. Das Brot ohne Deckel **weitere etwa 15 Minuten backen.**

7. Den Topf auf einen Kuchenrost stellen und etwa 10 Minuten abkühlen lassen. Anschließend das Brot auf einen Kuchenrost stürzen, das Brot umdrehen und erkalten lassen.

TIPP:
Achten Sie beim Anrühren des Teiges auf die Zeit. Der Teig hat eine lange Gehzeit, er kann gut über Nacht gehen.
Sie können den Teig nach Belieben mit 1 Teelöffel Kümmelsamen oder 1 Esslöffel gehackten Rosmarinnadeln oder 1 Esslöffel getrockneten Kräutern der Provence oder 1 Esslöffel Röstzwiebeln würzen.
Statt 2 gestrichenen Teelöffel Trockenhefe etwa 15 g frische Hefe verwenden. Die restlichen Zutatenmengen bleiben gleich. Für den Teig dann das lauwarme Wasser in eine Rührschüssel geben. Hefe darin auflösen. Mehl, Essig und Salz hinzugeben. Die Zutaten, wie unter Punkt 1 beschrieben, verrühren.

NORDISCHE BUCHWEIZEN-KRUSTE

OHNE KNETEN

VORBEREITUNGSZEIT
10 Minuten, ohne Abkühlzeit

RUHE-/GEHZEIT:
etwa 20 Minuten

BACKZEIT:
etwa 60 Minuten

ZUTATEN FÜR 1 BROT

FÜR DEN HEFETEIG:
250 g Buttermilch
42 g frische Hefe
1 TL brauner Zucker
100 g Buchweizen-Vollkornmehl
375 g Dinkelmehl (Type 630)
2 gestr. TL Salz
75 g gerösteter Buchweizen
25 g helle oder dunkle Leinsamen
25 g geschrotete dunkle Leinsamen
evtl. 2–3 EL getrocknete Dillspitzen
250 ml lauwarmes Wasser

ZUM BESTREUEN:
2 EL gerösteter Buchweizen

INSGESAMT:
E: 100 g, F: 25 g, Kh: 425 g, kcal: 2375

1. Für den Hefeteig Buttermilch erwärmen, zerbröselte Hefe und Zucker unterrühren. Zugedeckt etwa 5 Minuten gehen lassen.

2. In der Zwischenzeit beide Mehlsorten mit Salz, Buchweizenkörnern, Leinsamen und evtl. Dill in einer Rührschüssel gut mischen. Angerührte Hefe und 250 ml lauwarmes Wasser zur Mehlmischung geben und alles mit einem Holzlöffel sehr gut durchrühren.

3. Den Teig in die Kastenform (30 x 11 cm, gut mit Butter gefettet, mit Mehl ausgestäubt) geben und glatt streichen. Buchweizenkörner daraufstreuen.

4. Den Teig zugedeckt an einem warmen Ort (z. B. in dem auf 30 °C erhitzen, ausgeschalteten Backofen) etwa 15 Minuten gehen lassen.

5. Den Backofen vorheizen.
Ober-/Unterhitze: etwa 190 °C
Heißluft: nicht geeignet

6. Das Brot in **etwa 60 Minuten braun backen.** Nach etwa 25 Minuten Backzeit die Oberfläche mit warmem Wasser bestreichen. In den letzten etwa 10 Minuten der Backzeit gegebenenfalls mit Backpapier abdecken, falls die Oberfläche zu stark bräunt.

7. Die Form auf einen Kuchenrost stellen. Das Brot in der Form etwa 15 Minuten abkühlen lassen, dann vorsichtig auf einen mit Backpapier belegten Kuchenrost stürzen, auf eine Seite drehen und erkalten lassen.

OSTERKRANZ

ZUBEREITUNGSZEIT:
30 Minuten, ohne Abkühlzeit

RUHE-/GEHZEIT:
etwa 50 Minuten

BACKZEIT:
30–40 Minuten

ZUTATEN FÜR 1 KRANZ

FÜR DEN HEFETEIG:
500 g Weizenmehl (Type 550)
1 Pck. Trockenbackhefe
75 g Zucker, 1 Pck. Vanillin-Zucker
½ TL Salz
abger. Schale von 1 Bio-Zitrone (unbehandelt, ungewachst)
125 ml lauwarme Milch (3,5 % Fett)
125 g lauwarme Schlagsahne (mind. 30 % Fett)
100 g Butter (zimmerwarm)
2 Eier (Größe M), 3 EL Kokosraspel

ZUM BLINDBACKEN:
5 hart gekochte Eier (Größe M)

ZUM BESTREICHEN UND BESTREUEN, BELEGEN:
1 Eigelb
1 EL Milch (3,5 % Fett)
2 EL gehackte Mandeln
5 Ostereier (Größe M)

INSGESAMT:
E: 122 g, F: 211 g, Kh: 482 g, kcal: 4374

1. Für den Teig Mehl in eine Rührschüssel geben und mit Trockenbackhefe sorgfältig vermischen. Die restlichen Zutaten hinzugeben und mit einem Mixer (Knethaken) zunächst kurz auf niedrigster, dann auf höchster Stufe in etwa 5 Minuten zu einem glatten Teig verarbeiten.

2. Den Teig zugedeckt so lange an einem warmen Ort gehen lassen, bis er sich sichtbar vergrößert hat, etwa 20 Minuten.

3. Den gegangenen Teig leicht mit Mehl bestäuben, auf der leicht bemehlten Arbeitsfläche nochmals kurz verkneten und in 3 gleich große Portionen teilen.

4. Die Teigportionen jeweils auf einer nicht bemehlten Arbeitsfläche zu etwa 50 cm langen Strängen formen und zu einem Zopf flechten.

5. Den Teigzopf auf ein Backblech (mit Backpapier belegt) legen und zu einem Kranz formen.

6. Zum Blindbacken die Eier in den Kranz drücken. Den Teigkranz nochmals zugedeckt so lange an einem warmen Ort gehen lassen, bis er sich sichtbar vergrößert hat, etwa 30 Minuten.

7. In der Zwischenzeit den Backofen vorheizen.
Ober-/Unterhitze: etwa 180 °C
Heißluft: etwa 160 °C

8. Zum Bestreichen Eigelb mit Milch verschlagen. Den Teigkranz damit bestreichen und mit den Mandeln bestreuen. Anschließend das Backblech in den vorgeheizten Backofen schieben. Den Osterkranz **30–40 Minuten backen.**

9. Den Osterkranz mit dem Backpapier von dem Backblech auf einen Kuchenrost ziehen. Den Osterkranz erkalten lassen. Die mitgebackenen Eier vorsichtig entfernen und durch die Ostereier ersetzen.

TIPP:
Die mitgebackenen Eier können für Eiersalat oder als Brotbelag verwendet werden.

PITABROTE

ZUBEREITUNGSZEIT:
25 Minuten

RUHE-/GEHZEIT:
etwa 1 Stunde

BACKZEIT:
etwa 15 Minuten je Backblech

ZUTATEN FÜR 6 STÜCK

FÜR DEN HEFETEIG:
400 g Weizenmehl (Type 550)
42 g frische Hefe
1 EL flüssiger Honig
250 ml lauwarmes Wasser
8 EL Olivenöl
2 gestr. TL Meersalz

ZUM BESTREICHEN UND BESTREUEN:
2 EL Olivenöl
2 TL Sesamsamen
1 TL Schwarzkümmelsamen

PRO STÜCK:
E: 8 g, F: 18 g, Kh: 54 g, kcal: 411

1. Für den Teig Mehl in eine Rührschüssel geben, in die Mitte eine Vertiefung eindrücken. Hefe hineinbröckeln, mit Honig und etwas vom Wasser verrühren, dann etwa 10 Minuten stehen lassen.

2. Restliches Wasser, Olivenöl und Salz hinzufügen. Die Zutaten mit einem Mixer (Knethaken) zunächst kurz auf niedrigster, dann auf höchster Stufe in etwa 5 Minuten zu einem glatten Teig verarbeiten. Den Teig leicht mit Mehl bestäuben und zugedeckt so lange an einem warmen Ort gehen lassen, bis er sich sichtbar vergrößert hat, etwa 30 Minuten.

3. Den gegangenen Teig aus der Schüssel nehmen, auf der leicht bemehlten Arbeitsfläche kurz verkneten und in 6 gleich große Portionen teilen.

4. Jede Portion zwischen bemehlten Handflächen zu runden Fladen (Ø etwa 15 cm) formen. Diese mit etwas Abstand auf Backbleche (mit Backpapier belegt) legen. Die Fladen mit Olivenöl bestreichen, mit Sesam und Schwarzkümmel bestreuen. Mit einem Holzstäbchen oder einer Gabel mehrere Löcher in die Fladen stechen.

5. Die Teigfladen nochmals zugedeckt so lange an einem warmen Ort gehen lassen, bis sie sich sichtbar vergrößert haben, etwa 20 Minuten.

6. In der Zwischenzeit den Backofen vorheizen.
Ober-/Unterhitze: etwa 220 °C
Heißluft: etwa 200 °C

7. Die Backbleche nacheinander (bei Heißluft zusammen) in den vorgeheizten Backofen schieben und die Pitabrote etwa 15 Minuten je Backblech backen.

8. Die Pitabrote mit dem Backpapier auf Kuchenroste ziehen. Die Pitabrote warm servieren oder erkalten lassen.

TIPP:
Zum Servieren die Pitabrote auf-, aber nicht durchschneiden und nach Belieben zum Beispiel mit Zaziki, Gyros und Krautsalat füllen.
Sehr lecker zu den Fladen sind auch Falafel mit Minze-Dip.

ROGGENFLADEN

VEGAN

ZUBEREITUNGSZEIT:
15 Minuten, ohne Abkühlzeit

RUHE-/GEHZEIT:
etwa 15 Minuten

BACKZEIT:
etwa 30 Minuten

ZUTATEN FÜR 1 BROT

FÜR DEN HEFETEIG:
70 g Sonnenblumenkerne
3 EL Zuckerrübensirup (Rübenkraut)
250 g Weizenmehl (Type 1050)
150 g Roggen-Vollkornschrot
1 Pck. Hefeteig Garant
1–2 gestr. TL Salz
½ TL gem. Kümmel
100 g kernige Haferflocken
2 EL Rapsöl
250 ml Sauerkrautsaft
100 ml Wasser

ZUM BESTREUEN:
20 g Sonnenblumenkerne

INSGESAMT:
E: 93 g, F: 59 g, Kh: 398 g, kcal: 2558

1. Für den Teig Sonnenblumenkerne in einer Pfanne ohne Fett unter Wenden goldbraun rösten. Zuckerrübensirup hinzugeben, mit den Kernen vermengen und die Mischung etwas abkühlen lassen.

2. Den Backofen vorheizen.
Ober-/Unterhitze: etwa 200 °C
Heißluft: etwa 180 °C

3. Mehl, Vollkornschrot, Hefeteig Garant, Salz und Kümmel in einer Rührschüssel mischen. Restliche Zutaten und die Sonnenblumenkern-Sirup-Mischung hinzugeben.

4. Die Zutaten mit einem Mixer (Knethaken) zunächst kurz auf niedrigster, dann auf höchster Stufe in etwa 2 Minuten zu einem glatten Teig verkneten.

5. Den Hefeteig auf ein Backblech (gefettet, mit Backpapier belegt) geben und mit einem breiten Messer oder einer Palette zu einem Fladen (etwa 30 x 15 cm) verstreichen.

6. Den Fladen zuerst mit Wasser bestreichen, dann mit Sonnenblumenkernen bestreuen und zugedeckt etwa 15 Minuten ruhen lassen.

7. Das Backblech in den vorgeheizten Backofen schieben. Den Roggenfladen **etwa 30 Minuten backen.**

8. Den Roggenfladen auf einen Kuchenrost legen und erkalten lassen.

ROSINENBROT

ZUBEREITUNGSZEIT:
20 Minuten, ohne Abkühlzeit

RUHE-/GEHZEIT:
etwa 55 Minuten

BACKZEIT:
etwa 50 Minuten

ZUTATEN FÜR 1 BROT

FÜR DEN HEFETEIG:
500 g Weizenmehl (Type 550)
42 g frische Hefe
200 ml lauwarme Milch (3,5 % Fett) oder Schlagsahne (mind. 3,5 % Fett)
100 g Zucker
2 Eier (Größe M)
1 Prise Salz
75 g Butter (zimmerwarm)
150 g Rosinen

INSGESAMT:
E: 80 g, F: 118 g, Kh: 574 g, kcal: 3730

1. Für den Teig Mehl in eine Rührschüssel geben und in die Mitte eine Vertiefung eindrücken. Hefe hineinbröckeln, mit etwas Milch oder Sahne und 1 Esslöffel Zucker vorsichtig verrühren. Danach mit etwas von dem Mehl bestäuben.

2. Die Mischung zugedeckt so lange an einem warmen Ort gehen lassen, bis sie sich sichtbar vergrößert hat, etwa 15 Minuten.

3. Restliche Milch oder Sahne, restlichen Zucker, Eier und Salz hinzufügen. Butter in Flöckchen auf dem Mehl verteilen.

4. Die Zutaten mit einem Mixer (Knethaken) zunächst kurz auf niedrigster, dann auf höchster Stufe in etwa 5 Minuten zu einem glatten Teig verarbeiten (der Teig muss sich vom Schüsselrand lösen). Den Teig nochmals zugedeckt so lange an einem warmen Ort gehen lassen, bis er sich sichtbar vergrößert hat, etwa 25 Minuten.

5. Die Rosinen vorsichtig unter den gegangenen Teig kneten. Den Teig zu einer Rolle formen und in eine Kastenform (30 x 11 cm, gefettet) legen. Herausstehende Rosinen möglichst in den Teig drücken.

6. Den Teig mehrmals diagonal mit einem scharfen, spitzen Messer einschneiden, nicht drücken. Anschließend den Teig nochmals zugedeckt so lange an einem warmen Ort gehen lassen, bis er sich sichtbar vergrößert hat, etwa 15 Minuten.

7. In der Zwischenzeit den Backofen vorheizen.
Ober-/Unterhitze: etwa 180 °C
Heißluft: etwa 160 °C

8. Die Form auf dem Rost in den vorgeheizten Backofen schieben. Das Brot **etwa 50 Minuten backen.**

9. Die Form auf einen Kuchenrost stellen. Das Rosinenbrot etwa 10 Minuten in der Form abkühlen lassen. Dann das Rosinenbrot aus der Form stürzen, wieder umdrehen und auf dem Kuchenrost erkalten lassen.

TIPP:
Das Rosinenbrot eignet sich sehr gut zum Einfrieren. Lassen Sie es dann bei Zimmertemperatur in der Verpackung auftauen.

REZEPTVARIANTE:
Für Arme Ritter mit Rosinenbrot 300 ml Milch mit 2 Eiern (Größe M) und 50 g Zucker verschlagen. Etwa 6 Scheiben Rosinenbrot in eine Schale legen, mit der Eiermilch übergießen und einweichen, bis die Milch aufgesogen ist. Die Scheiben portionsweise in erhitztem Speiseöl von beiden Seiten knusprig braun braten. Nach Belieben mit Zimt-Zucker bestreuen oder mit Vanillesauce und Kompott servieren.

SESAMBROT

VEGAN

ZUBEREITUNGSZEIT:
30 Minuten, ohne Abkühlzeit

RUHE-/GEHZEIT:
etwa 55 Minuten

BACKZEIT:
etwa 45 Minuten

ZUTATEN FÜR 1 BROT

ZUM VORBEREITEN:
3 EL Sesamsamen

FÜR DEN HEFETEIG:
500 g Weizenmehl (Type 550)
1 Pck. Trockenbackhefe
1 TL Zucker
2 gestr. TL Salz
350 ml lauwarmes Wasser
4 EL Olivenöl

ZUM BESTREUEN:
1 EL Sesamsamen

INSGESAMT:
E: 72 g, F: 81 g, Kh: 395 g, kcal: 2656

1. Zum Vorbereiten Sesam in einer Pfanne ohne Fett unter Wenden goldbraun rösten, auf einen Teller geben und erkalten lassen.

2. Für den Teig Mehl in eine Rührschüssel geben und mit Trockenbackhefe sorgfältig vermischen. Zucker, Salz, Wasser und Olivenöl hinzufügen.

3. Die Zutaten mit einem Mixer (Knethaken) zunächst kurz auf niedrigster, dann auf höchster Stufe in etwa 5 Minuten zu einem glatten Teig verarbeiten. Den Sesam kurz unterkneten.

4. Den Teig leicht mit Mehl bestäuben und zugedeckt so lange an einem warmen Ort gehen lassen, bis er sich sichtbar vergrößert hat, etwa 30 Minuten.

5. Den gegangenen Teig leicht mit Mehl bestäuben, auf der leicht bemehlten Arbeitsfläche nochmals kurz verkneten und zu einer Rolle (etwa 28 cm lang) formen. Teigrolle in eine Kastenform (30 x 11 cm, gefettet) legen.

6. Die Teigrolle zugedeckt nochmals so lange an einem warmen Ort gehen lassen, bis sie sich sichtbar vergrößert hat, etwa 25 Minuten.

7. In der Zwischenzeit den Backofen vorheizen.
Ober-/Unterhitze: etwa 180 °C
Heißluft: etwa 160 °C

8. Die Teigoberfläche mit Wasser bestreichen und mit Sesam bestreuen.

9. Die Form auf dem Rost in den vorgeheizten Backofen schieben. Brot etwa 45 Minuten backen.

10. Das Brot aus der Form lösen, auf einen Kuchenrost stürzen, wieder umdrehen und erkalten lassen.

TIPPS:
Bereiten Sie gleich 2 Brote zu und frieren Sie ein Brot gut verpackt ein. Einfach am Vorabend aus dem Gefrierfach nehmen und über Nacht in der Verpackung auftauen lassen.
Lecker ist das Sesambrot mit süßen Aufstrichen oder Konfitüren. Da Sesam einen sehr feinen Eigengeschmack hat, harmoniert er sehr gut mit würzigen Zutaten. Kneten Sie unter Punkt 3 nach Belieben 2–3 Esslöffel Röstzwiebeln (Fertigprodukt) mit unter den Teig. Alternativ können Sie 2–3 Esslöffel fein gewürfelte, angebratene und abgekühlte Schinken-/oder Speckwürfel hineinkneten.
Mögen Sie es gern mediterran? Dann geben Sie getrocknete Tomaten (in Öl), abgetropft und fein geschnitten, mit in den Teig. In dem Fall können Sie das Olivenöl im Teig gut durch das Öl von den Tomaten ersetzen.

SIEBENKORNBROT

VEGAN

ZUBEREITUNGSZEIT:
45 Minuten, ohne Abkühlzeit

RUHE-/GEHZEIT:
etwa 1 Stunde und 5 Minuten

BACKZEIT:
etwa 55 Minuten

ZUTATEN FÜR 1 BROT

ZUM VORBEREITEN:
2 Pck. Trockenbackhefe
1 TL Zucker
50 ml lauwarmes Wasser

FÜR DEN TEIG:
60 g Grünkernmehl
60 g Sesamsamen
1 EL Grünkern (ganz)
125 g Weizenmehl (Type 550)
125 g Roggenmehl (Type 1150)
60 g kernige Haferflocken
60 g Buchweizenmehl
60 g geschroteter Leinsamen
knapp 2 gestr. TL Salz
200 ml lauwarmes Wasser

ZUM BESTREUEN:
etwas Grünkernmehl
1 EL Sesamsamen

INSGESAMT:
E: 82 g, F: 69 g, Kh: 346 g
kcal: 2457

1. Zum Vorbereiten Hefe mit Zucker und Wasser in einer kleinen Schüssel anrühren und zugedeckt etwa 15 Minuten stehen lassen.

2. Für den Teig Grünkernmehl, Sesam, Grünkern, Weizen- und Roggenmehl, kernige Haferflocken, Buchweizenmehl und Leinsamen sorgfältig vermischen. Salz, Hefemischung und Wasser hinzufügen.

3. Die Zutaten mit einem Mixer (Knethaken) zunächst kurz auf niedrigster, dann auf höchster Stufe in etwa 5 Minuten zu einem glatten Teig verarbeiten.

4. Den Teig zugedeckt so lange an einem warmen Ort gehen lassen, bis er sich sichtbar vergrößert hat, etwa 30 Minuten.

5. Den gegangenen Teig leicht mit Mehl bestäuben, auf der leicht bemehlten Arbeitsfläche nochmals kurz verkneten und zu einem Brotlaib formen.

6. Den Brotlaib auf ein Backblech (mit Backpapier belegt) legen und zugedeckt nochmals so lange an einem warmen Ort gehen lassen, bis er sich sichtbar vergrößert hat, etwa 20 Minuten.

7. In der Zwischenzeit den Backofen vorheizen.
Ober-/Unterhitze: etwa 200 °C
Heißluft: etwa 180 °C

8. Die Teigoberfläche mit Wasser bestreichen, mit Grünkernmehl und Sesamsamen bestreuen.

9. Das Backblech in den vorgeheizten Backofen schieben und das Siebenkornbrot **55–60 Minuten backen.**

10. Das Brot vom Backblech auf einen Kuchenrost ziehen und erkalten lassen.

TIPP:
Statt 2 Päckchen Trockenbackhefe können Sie auch 42 g frische Hefe verwenden.
Haben Sie keine kernigen Haferflocken zur Hand, nehmen sie stattdessen einfach blütenzarte.

SONNENBLUMENKERN-KARTOFFEL-BROT

OHNE KNETEN

ZUBEREITUNGSZEIT:
15 Minuten, ohne Abkühlzeit

TEIGGEHZEIT:
etwa 15 Minuten

BACKZEIT:
etwa 60 Minuten

ZUTATEN FÜR 1 BROT

FÜR DEN HEFETEIG:
250 g Buttermilch
42 g frische Hefe
1 TL brauner Zucker
80 g Kartoffelpüree-Pulver
200 g Weizenmehl (Type 550)
150 g Weizen-Vollkornmehl
2 gestr. TL Salz
evtl. etwa 1 TL Brotgewürz-Mix (Fertigmischung aus dem Tütchen)
140 g Sonnenblumenkerne
250 ml lauwarmes Wasser

INSGESAMT:
E: 100 g, F: 75 g, Kh: 325 g, kcal: 2475

1. Für den Hefeteig Buttermilch erwärmen, zerbröselte Hefe und Zucker unterrühren. Zugedeckt etwa 5 Minuten gehen lassen.

---

2. In der Zwischenzeit Püree-Pulver mit beiden Mehlsorten, Salz, evtl. Brotgewürz und 75 g Sonnenblumenkernen in einer Rührschüssel sehr gut mischen. Angerührte Hefe und 250 ml lauwarmes Wasser zur Mehlmischung geben, mit einem Holzlöffel gründlich durchrühren, bis sich ein glatter Teigkloß gebildet hat.

---

3. Eine Kastenform (30 x 11 cm, gefettet) mit den restlichen Sonnenblumenkernen, bis auf 2 Esslöffel zum Garnieren, ausstreuen und dünn mit Mehl ausstäuben. Den Teig in der Schüssel mit einer Teigkarte zu einem länglichen Brot zusammenschieben, in die Form setzen und glatt streichen. Restliche Sonnenblumenkerne daraufstreuen. Den Teig zugedeckt an einem warmen Ort etwa 10 Minuten gehen lassen.

---

4. Die Form auf dem Rost in den kalten Backofen (2. Schiene von unten) schieben. Den Backofen vorheizen.
Ober-/Unterhitze: etwa 200 °C
Heißluft: weniger geeignet

---

5. Das Brot in **etwa 60 Minuten goldbraun backen.**

---

6. Die Form auf einen Kuchenrost stellen. Das Brot in der Form etwa 10 Minuten abkühlen lassen, dann vorsichtig auf einen mit Backpapier belegten Kuchenrost stürzen, auf eine Seite drehen und abkühlen lassen.

TIPP:
Wenn Kartoffelpüree-Pulver übrig bleibt, können Sie das Pulver in einem luftdicht verschließbaren Kunststoff- oder Glasgefäß einige Zeit lagern. Das Püree-Pulver in einen Saucenfond oder einen Eintopf einrühren und die Flüssigkeit damit leicht sämig binden.

STANGENBROTE

ZUBEREITUNGSZEIT:
45 Minuten, ohne Abkühlzeit

RUHE-/GEHZEIT:
etwa 1 Stunde

BACKZEIT:
etwa 25 Minuten

ZUTATEN FÜR 3 STÜCK

FÜR DEN HEFETEIG:
150 g Roggenmehl (Type 1150)
350 g Weizenmehl (Type 550)
1 Pck. Trockenbackhefe
2 gestr. TL Salz
2 EL Obstessig
2 TL flüssiger Honig
250 ml lauwarmes Wasser

PRO STÜCK:
E: 18 g, F: 2 g, Kh: 130 g, kcal: 620

1. Für den Teig beide Mehle in eine Rührschüssel geben und mit der Trockenhefe sorgfältig vermischen. Salz, Essig, Honig und Wasser hinzufügen. Alle Zutaten mit dem Mixer (Knethaken) zunächst kurz auf niedrigster, dann auf höchster Stufe in etwa 5 Minuten zu einem glatten Teig verarbeiten. Den Teig leicht mit Mehl bestäuben und zugedeckt so lange an einem warmen Ort gehen lassen, bis er sich sichtbar vergrößert hat, etwa 40 Minuten.

2. Den gegangenen Teig leicht mit Mehl bestäuben, auf der leicht bemehlten Arbeitsfläche nochmals kurz verkneten und zu einer Rolle formen. Die Teigrolle in 3 gleich große Portionen teilen. Jede Teigportion zu einer Stange (je etwa 28 cm lang) formen und 2–3-mal um sich selbst drehen, sodass eine unregelmäßige Stange entsteht.

3. Die Teigstangen auf ein Backblech (gefettet, mit Backpapier belegt) legen, mit Mehl bestäuben und zugedeckt so lange an einem warmen Ort gehen lassen, bis sie sich sichtbar vergrößert haben, etwa 20 Minuten.

4. Den Backofen vorheizen.
Ober-/Unterhitze: etwa 220 °C
Heißluft: etwa 200 °C

5. Das Backblech in den vorgeheizten Backofen schieben. Die gedrehten Stangenbrote **etwa 25 Minuten backen.**

6. Die Stangenbrote auf einem Kuchenrost erkalten lassen.

TIPP:
Sie können den Teig auch in 9 Portionen teilen und kleine längliche Baguettebrötchen daraus formen. Die Baguettebrötchen müssen dann etwa 20 Minuten backen.

SÜSSES SCHWARZBROT

ZUBEREITUNGSZEIT:
75 Minuten, ohne Abkühlzeit

RUHE-/GEHZEIT:
etwa 3 Stunden

BACKZEIT:
etwa 1 Stunde

ZUTATEN FÜR 1 BROT

ZUM VORBEREITEN:
200 g mehligkochende Kartoffeln
Salz, 450 ml kaltes Wasser
80 g Maismehl, 20 g Butter
60 g Zartbitter-Schokolade (etwa 50 % Kakaoanteil)
250 g Zuckerrübensirup (Rübenkraut)
1 ½ gestr. TL gem. Kümmelsamen
je 2 gestr. TL brauner Zucker, Salz

FÜR DEN HEFETEIG:
50 ml lauwarmes Wasser
30 g frische Hefe
400 g Roggenmehl (Type 1150)
200 g Weizen-Vollkornmehl
100 g Weizen-Vollkornschrot (mittelfein gemahlen)

ZUM BESTREUEN UND BESTREICHEN:
100 g Weizen-Vollkornmehl
1 Eiweiß (Größe M), 2 EL Wasser

INSGESAMT:
E: 119 g, F: 63 g, Kh: 7991 g, kcal: 4282

1. Zum Vorbereiten Kartoffeln schälen und abspülen. Die Kartoffeln knapp mit Wasser bedeckt, zugedeckt zum Kochen bringen. Salz hinzufügen. Die Kartoffeln in etwa 20 Minuten gar kochen. Kartoffeln abgießen und noch heiß durch eine Kartoffelpresse drücken. Kartoffelmasse auf Zimmertemperatur abkühlen lassen.

2. In der Zwischenzeit Wasser in einen Topf geben. Maismehl hinzugeben und unter Rühren zum Kochen bringen. Den Topf von der Kochstelle nehmen. Butter und Schokolade hinzugeben und darin schmelzen lassen. Zuckerrübensirup, Kümmel, Zucker und Salz hinzugeben, mit einem Mixer (Rührbesen) gut unterarbeiten. Die Mischung auf Zimmertemperatur abkühlen lassen.

3. Für den Teig Wasser in die Rührschüssel einer Küchenmaschine geben. Hefe hineinbröckeln und unter Rühren darin auflösen. Kartoffelmasse und Maisbreimischung hinzugeben, mit der Küchenmaschine (Knethaken) gründlich unterarbeiten. Beide Mehlsorten und Vollkornschrot hinzugeben und alles zu einem glatten Teig verkneten.

4. Die Arbeitsfläche mit 50 g des Weizen-Vollkornmehls bestreuen. Den Teig daraufgeben. Das Mehl mit den Händen unter den Teig arbeiten und so lange verkneten, bis der Teig elastisch ist, 5–10 Minuten.

5. Den Teig zu einer Kugel formen und in eine mit ½ Esslöffel Öl ausgestrichene Rührschüssel legen. Die Schüssel mit Frischhaltefolie zudecken. Den Teig so lange an einem warmen Ort gehen lassen, bis er sich sichtbar vergrößert hat, etwa 1 ½ Stunden.

6. Die Arbeitsfläche mit dem restlichen Weizen-Vollkornmehl bestreuen. Den Teig daraufgeben (Frischhaltefolie beiseitelegen, wird nochmals benötigt) und das Mehl gründlich unterkneten. Teig zu einer Kugel formen und auf ein Backblech (gefettet) legen.

7. Teigkugel mit der beiseitegelegten Frischhaltefolie lose zudecken und nochmals so lange an einem warmen Ort gehen lassen, bis sie sich sichtbar vergrößert hat, etwa 1 ½ Stunden.

8. In der Zwischenzeit den Backofen vorheizen.
Ober-/Unterhitze: etwa 180 °C
Heißluft: nicht empfehlenswert

9. Zum Bestreichen Eiweiß mit 2 Esslöffeln Wasser in einer kleinen Schüssel gründlich verquirlen. Die Frischhaltefolie entfernen und den Schwarzbrotlaib mit der Eiweiß-Mischung bestreichen.

10. Backblech in den vorgeheizten Backofen schieben. Das süße Schwarzbrot **etwa 1 Stunde backen.**

11. Das Brot mit dem Backpapier von dem Backblech auf einen Kuchenrost ziehen und erkalten lassen.

TOMATEN-KÄSE-ZUPFBROT

ZUBEREITUNGSZEIT:
40 Minuten, ohne Abkühlzeit

RUHE-/GEHZEIT:
etwa 1 Stunde und 30 Minuten

BACKZEIT:
etwa 35 Minuten

ZUTATEN FÜR 1 BROT

FÜR DEN HEFETEIG:
500 g Weizenmehl (Type 550)
21 g frische Hefe
200 ml lauwarme Milch (1,5 % Fett)
1 gestr. TL Zucker
½ TL Salz
2 Eier (Größe M)
25 g Butter (zimmerwarm)

ZUM BESTREICHEN:
75 g Butter (zimmerwarm)

FÜR DIE FÜLLUNG:
2 EL ger. Parmesan
3 EL abgetropfte, klein geschnittene, getrocknete Tomaten in Öl

INSGESAMT:
E: 84 g, F: 120 g, Kh: 396 g, kcal: 3036

1. Für den Teig das Mehl in die Rührschüssel einer Küchenmaschine geben. In die Mitte eine Vertiefung eindrücken. Hefe hineinbröckeln. 100 ml von der Milch hinzugeben und mit etwas Mehl verrühren. Die Hefe- Milch-Mischung mit etwas von dem Mehl bedecken und etwa 30 Minuten zugedeckt stehen lassen.

2. Restliche Milch, Zucker, Salz, Eier und Butter hinzufügen, mit der Küchenmaschine (Knethaken) zunächst kurz auf niedrigster, dann auf mittlerer Stufe in etwa 5 Minuten zu einem glatten Teig verarbeiten.

3. Den Teig zugedeckt an einem warmen Ort gehen lassen, bis er sich sichtbar vergrößert hat, etwa 30 Minuten.

4. Den Teig auf einer leicht bemehlten Arbeitsfläche flach drücken (nicht kneten), zu einem Rechteck (etwa 40 x 30 cm) ausrollen. Die Teigoberfläche mit Butter bestreichen. Die Füllung darauf verteilen. Die Teigplatte in 3 etwa 10 cm breite Streifen schneiden und diese übereinanderlegen. Die Teigstreifen in 6 gleich große Stücke schneiden.

5. Die Teigstücke mit der Schnittkante nach oben locker in eine Kastenform (30 x 11 cm, gefettet, mit Backpapier ausgelegt) setzen. Den Teig zugedeckt nochmals an einem warmen Ort gehen lassen, bis er sich sichtbar vergrößert hat, etwa 30 Minuten.

6. Backofen kurz vor Ende der Teiggehzeit vorheizen.
Ober-/Unterhitze: etwa 180 °C
Heißluft: etwa 160 °C

7. Die Kastenform auf dem Rost in den vorgeheizten Backofen (untere Schiene) schieben. Das Brot **etwa 35 Minuten backen.**

8. Die Form auf einen Kuchenrost stellen und das Brot etwas abkühlen lassen. Dann das lauwarme Brot aus der Form nehmen, servieren oder auf einem Kuchenrost erkalten lassen.

TIPP:
Am besten schmeckt das Brot ganz frisch und noch warm. Haben Sie eine kleinere Kastenform, erhöhen Sie den Rand Ihrer Form einfach mit Backpapier. Schneiden Sie dafür das Backpapier zum Auskleiden großzügig zu und stabilisieren Sie die Ecken, z. B. mit Büroklammern aus Metall. So geht Ihnen der Teig nicht über die Form.

VIERERLEI BROT

ZUBEREITUNGSZEIT:
40 Minuten

RUHE-/GEHZEIT:
etwa 1 Stunde und 5 Minuten

BACKZEIT:
35–40 Minuten

ZUTATEN FÜR 1 BROT

FÜR DEN HEFETEIG:
750 g Weizenmehl (Type 550)
300 g Weizenschrot (Type 1700)
84 g frische Hefe
1 gestr. TL Zucker
etwa 600 ml lauwarmes Wasser
1 gestr. TL Salz
2 gestr. TL gem. schwarzer Pfeffer
125 ml Walnussöl
50 g klein gewürfelte, schwarze Oliven ohne Stein
100 g klein gewürfelte Salami
2 TL gerebelter Oregano
150 g klein gewürfelter Gouda, mittelalt
2 TL Kümmelsamen
1 TL gem. Pfeffer
100 g grob gehackte Haselnusskerne
50 g grob gehackte Walnusskerne
100 g Kürbiskerne
2 TL gem. Koriander

INSGESAMT:
E: 247 g, F: 387 g, Kh: 783 g, kcal: 7774

1. Für den Teig das Mehl und Weizenschrot in die Rührschüssel einer Küchenmaschine geben und in die Mitte eine Vertiefung eindrücken. Hefe hineinbröckeln. Zucker und etwas von dem Wasser hinzufügen. Mit einem kleinen Teil des Mehls mit einer Gabel vorsichtig verrühren, zugedeckt etwa 15 Minuten stehen lassen.

2. Salz, Pfeffer, restliches Wasser und Öl hinzufügen. Die Zutaten in der Küchenmaschine (Knethaken) zunächst kurz auf niedrigster, dann auf höchster Stufe zu einem glatten Teig verarbeiten. Den Teig leicht mit Mehl bestäuben und zugedeckt so lange an einem warmen Ort gehen lassen, bis er sich sichtbar vergrößert hat, etwa 30 Minuten.

3. Den gegangenen Teig leicht mit Mehl bestäuben, auf der leicht bemehlten Arbeitsfläche nochmals gut verkneten und zu einer Rolle formen. Die Teigrolle in 4 gleich große Portionen teilen.

4. Die erste Teigportion mit Oliven, Salami und Oregano verkneten. Die zweite Teigportion mit Gouda, Kümmel und Pfeffer verkneten. Die dritte Teigportion mit Haselnuss- und Walnusskernen verkneten. Die letzte Teigportion mit Kürbiskernen und Koriander verkneten.

5. Die einzelnen Teigportionen auf der leicht bemehlten Arbeitsfläche birnenförmig formen. Das spitze Teigende jeweils etwas flach drücken und mit Wasser bestreichen.

6. Die einzelnen Teigportionen so auf ein Backblech (mit Backpapier belegt) legen, dass sie mit den spitzen Enden leicht überlappen. Den Teig in der Mitte etwas zusammendrücken.

7. Das Teigbrot zugedeckt nochmals so lange an einem warmen Ort gehen lassen, bis es sich sichtbar vergrößert hat, etwa 20 Minuten.

8. In der Zwischenzeit den Backofen vorheizen.
Ober-/Unterhitze: etwa 220 °C
Heißluft: etwa 200 °C

9. Das Teigbrot mit Wasser bestreichen und jede Sorte 1-mal der Länge nach mit einem scharfen Messer etwa 1 cm tief einschneiden, nicht drücken.

10. Das Backblech in den vorgeheizten Backofen schieben. Das Brot **35–40 Minuten backen.**

11. Das Brot mit dem Backpapier von dem Backblech auf einen Kuchenrost ziehen und darauf erkalten lassen.

VOLLKORN-DINKELBROT

VEGAN

ZUBEREITUNGSZEIT:
30 Minuten, ohne Einweichzeit

RUHE-/GEHZEIT:
etwa 45 Minuten

BACKZEIT:
50–60 Minuten

ZUTATEN FÜR 1 BROT

ZUM VORBEREITEN AM VORTAG:
100 g Dinkelkörner

FÜR DEN HEFETEIG:
425 g Dinkel-Vollkornmehl
1 Pck. Trockenbackhefe
1 gestr. TL brauner Zucker
knapp 2 gestr. TL Salz
3 EL Speiseöl
250 ml lauwarmes Wasser

ZUSÄTZLICH:
Römertopf®-Brotbackform

INSGESAMT:
E: 78 g, F: 53 g, Kh: 357 g, kcal: 2325

1. Zum Vorbereiten Dinkelkörner in kaltem Wasser über Nacht einweichen.

2. Dinkelkörner in einem Sieb abtropfen lassen.

3. Für den Teig das Mehl in eine Rührschüssel geben und mit der Trockenbackhefe sorgfältig vermischen. Dinkelkörner, Zucker, Salz, Speiseöl und Wasser hinzufügen. Die Zutaten mit einem Mixer (Knethaken) zunächst kurz auf niedrigster, dann auf höchster Stufe in etwa 5 Minuten zu einem glatten Teig verarbeiten. Den Teig leicht mit Mehl bestäuben und zugedeckt so lange an einem warmen Ort gehen lassen, bis er sich sichtbar vergrößert hat, etwa 20 Minuten.

4. Den gegangenen Teig leicht mit Mehl bestäuben und auf der leicht bemehlten Arbeitsfläche kurz verkneten. Den Teig zu einer Rolle (etwa 24 cm lang) formen und in die Brotbackform (gewässert, abgetrocknet und mit Speiseöl ausgestrichen) legen. Den Teig nochmals zugedeckt so lange an einem warmen Ort gehen lassen, bis er sich sichtbar vergrößert hat, etwa 25 Minuten.

5. Die Teigoberfläche mit einem scharfen Messer mehrmals schräg etwa 1 cm tief einschneiden, nicht drücken. Teigoberfläche mit Wasser bestreichen.

6. Die Form auf dem Rost in den kalten Backofen schieben. Den Backofen vorheizen.
Ober-/Unterhitze: etwa 200 °C
Heißluft: etwa 180 °C

7. Das Dinkelbrot **50–60 Minuten backen.**

8. Das Brot in der Form auf einem Kuchenrost etwas abkühlen lassen. Dann aus der Form lösen und das Vollkorn-Dinkelbrot auf dem Kuchenrost erkalten lassen.

TIPP:
Kneten Sie 2 Esslöffel Schnittlauch oder gerebelte Kräuter der Provence unter Punkt 4 mit unter den Teig.

VOLLKORN-KASTENBROT

ZUBEREITUNGSZEIT:
40 Minuten, ohne Abkühlzeit

RUHE-/GEHZEIT:
etwa 15 Minuten

BACKZEIT:
etwa 25 Minuten

ZUTATEN FÜR 1 BROT

FÜR DEN HEFETEIG:
250 g Dinkel-Vollkornmehl
100 g Weizenmehl
1 Pck. Hefeteig Garant
1 TL flüssiger Honig
1 gestr. TL Salz
50 g gemischte Kerne,
z. B. Sonnenblumenkerne,
Kürbiskerne und Leinsamen
4 EL Olivenöl
200 ml Wasser

INSGESAMT:
E: 60 g, F: 77 g, Kh: 264 g,
kcal: 2040

1. Für den Teig beide Mehlsorten in eine Rührschüssel geben und mit Hefeteig Garant sorgfältig vermischen. Honig, Salz, Kerne, Olivenöl und Wasser hinzufügen. Die Zutaten mit dem Mixer (Knethaken) zunächst kurz auf niedrigster, dann auf höchster Stufe in etwa 2 Minuten zu einem glatten Teig verarbeiten.

2. Den Teig auf der leicht bemehlten Arbeitsfläche kurz zu einer etwa 25 cm langen Rolle verkneten. Die Teigrolle in eine Kastenform (25 cm lang, gefettet, bemehlt) legen und andrücken. Die Teigoberfläche mit Wasser bestreichen und mit etwas Mehl bestäuben. Den Teig zugedeckt etwa 15 Minuten ruhen lassen.

3. Den Backofen vorheizen.
Ober-/Unterhitze: etwa 200 °C
Heißluft: etwa 180 °C

4. Die Form auf dem Rost in den vorgeheizten Backofen (unteres Drittel) schieben. Das Kastenbrot **etwa 25 Minuten backen.**

5. Das Kastenbrot aus der Form auf einen Kuchenrost stürzen, umdrehen und auf dem Kuchenrost erkalten lassen.

WEISSBROT

ZUBEREITUNGSZEIT:
20 Minuten, ohne Abkühlzeit

RUHE-/GEHZEIT:
etwa 1 Stunde

BACKZEIT:
40–45 Minuten

ZUTATEN FÜR 1 BROT

FÜR DEN HEFETEIG:
500 g Weizenmehl (Type 550)
1 Pck. Trockenbackhefe
125 ml lauwarme Milch (3,5 % Fett)
1 gestr. TL Zucker
1 schwach geh. TL Salz
2 Eier (Größe M)
150 g Crème fraîche

INSGESAMT:
E: 76 g, F: 71 g, Kh: 380 g, kcal: 2496

1. Für den Teig das Mehl in eine Rührschüssel geben und mit Trockenbackhefe sorgfältig vermischen. Milch, Zucker, Salz, Eier und Crème fraîche hinzufügen. Alles mit einem Mixer (Knethaken) erst kurz auf niedrigster, dann auf höchster Stufe in etwa 5 Minuten zu einem glatten Teig verarbeiten. Den Teig so lange kneten, bis er sich vom Schüsselrand löst, etwa 3 Minuten. Anschließend leicht mit Mehl bestäuben und zugedeckt so lange an einem warmen Ort gehen lassen, bis er sich sichtbar vergrößert hat, etwa 30 Minuten.

2. Den gegangenen Teig auf der leicht bemehlten Arbeitsfläche nochmals kurz verkneten und zu einer Rolle (etwa 28 cm lang) formen. Die Teigrolle in eine Kastenform (30 x 11 cm, gefettet, bemehlt) geben. Die Oberfläche mit einem scharfen Messer der Länge nach etwa 1 cm tief einschneiden, nicht drücken. Den Teig zugedeckt nochmals so lange an einem warmen Ort gehen lassen, bis er sich sichtbar vergrößert hat, etwa 30 Minuten.

3. In der Zwischenzeit den Backofen vorheizen.
Ober-/Unterhitze: etwa 180 °C
Heißluft: etwa 160 °C

4. Die Teigoberfläche mit Wasser bestreichen. Die Form auf dem Rost in den vorgeheizten Backofen schieben. Das Brot **40–45 Minuten backen.**

5. Das Weißbrot zunächst etwa 5 Minuten in der Form abkühlen lassen. Dann das Brot aus der Form lösen und auf einem Kuchenrost erkalten lassen.

TIPP:
Sobald das Weißbrot abgekühlt ist, bewahren Sie es gut verpackt auf, zum Beispiel in einem Folienbeutel. So bleibt es länger frisch.

WEIZENMISCHBROT

ZUBEREITUNGSZEIT:
30 Minuten, ohne Abkühlzeit

RUHE-/GEHZEIT:
etwa 50 Minuten

BACKZEIT:
40–50 Minuten

ZUTATEN FÜR 1 BROT

FÜR DEN HEFETEIG:
150 g Roggenmehl (Type 1150)
350 g Weizenmehl
1 Pck. Trockenbackhefe
2–3 gestr. TL Salz
300 ml lauwarmes Wasser
1 TL flüssiger Honig
50 ml Sonnenblumenöl

INSGESAMT:
E: 58 g, F: 65 g, Kh: 327 g,
kcal: 2141

1. Für den Teig beide Mehlsorten in eine Rührschüssel geben und mit Trockenbackhefe sorgfältig vermischen. Salz, Wasser, Honig und Sonnenblumenöl hinzufügen. Die Zutaten mit einem Mixer (Knethaken) zunächst kurz auf niedrigster, dann auf höchster Stufe in etwa 5 Minuten zu einem glatten Teig verarbeiten. Den Teig zugedeckt so lange an einem warmen Ort gehen lassen, bis er sich sichtbar vergrößert hat, etwa 30 Minuten.

2. Den gegangenen Teig leicht mit Mehl bestäuben und auf der leicht bemehlten Arbeitsfläche nochmals kurz verkneten. Dann den Teig zu einer Rolle (etwa 28 cm lang) formen und in eine Kastenform (30 x 11 cm, gefettet) legen.

3. Die Teigoberfläche mit Wasser bestreichen und mit Mehl bestäuben.

4. Den Teig nochmals zugedeckt so lange an einem warmen Ort gehen lassen, bis er sich sichtbar vergrößert hat, etwa 20 Minuten.

5. In der Zwischenzeit den Backofen vorheizen.
Ober-/Unterhitze: etwa 200 °C
Heißluft: etwa 180 °C

6. Den Teig mit einem scharfen Messer mehrmals etwa 1 cm tief, erst längs, dann quer einschneiden (nicht drücken!), sodass kleine Quadrate entstehen.

7. Die Form auf dem Rost in den vorgeheizten Backofen schieben. Das Weizenmischbrot **40–50 Minuten backen.**

8. Das Brot aus der Form auf einen Kuchenrost stürzen, umdrehen und auf dem Kuchenrost erkalten lassen.

ZWIEBEL-ZUPFBROT

ZUBEREITUNGSZEIT:
50 Minuten, ohne Abkühlzeit

RUHE-/GEHZEIT:
etwa 4 Stunden

BACKZEIT:
etwa 45 Minuten

ZUTATEN FÜR 1 BROT

FÜR DEN BUTTERMILCHTEIG:
300 g Weizenmehl
200 g Vollkornweizenmehl
1 gestr. TL Salz
21 g frische Hefe
370 g Buttermilch
180 g Butter (zimmerwarm)

FÜR DIE FÜLLUNG:
300 g Zwiebeln
2 EL Rapsöl
3 EL Petersilienblättchen
Salz
Zucker
1 TL Paprikapulver edelsüß
80 g mittelalter Gouda, im Stück
3 EL mittelscharfer Senf

INSGESAMT:
E: 105 g, F: 210 g, Kh: 390 g, kcal: 3825

1. Für den Teig beide Mehlsorten und Salz in eine Rührschüssel geben. Hefe hineinbröseln und gut untermischen. Buttermilch und die Butter hinzugeben. Die Zutaten mit einem Mixer (Knethaken) zunächst kurz auf niedrigster, dann auf höchster Stufe in etwa 1 Minute zu einem glatten Teig verkneten. Den Teig mit Frischhaltefolie zugedeckt etwa 2 Stunden an einem warmen Ort gehen lassen.

2. Für die Füllung in der Zwischenzeit die Zwiebeln abziehen und in feine Scheiben schneiden oder hobeln. Rapsöl in einer Pfanne erhitzen. Die Zwiebelscheiben darin unter Rühren braun anbraten. Petersilienblättchen abspülen, trocken tupfen, grob zerschneiden und unter die Zwiebelscheiben rühren. Mit Salz, Zucker und Paprika würzen, abkühlen lassen. Den Käse grob raspeln.

3. Den gegangenen Teig mit Mehl bestäuben, aus der Schüssel nehmen und auf einer bemehlten Arbeitsfläche zu einem Rechteck (etwa 30 x 50 cm) ausrollen. Teigrechteck dünn mit Senf bestreichen und anschließend in etwa 10 x 10 cm große Quadrate schneiden. Die Zwiebel-Petersilien-Masse und drei Viertel des geraspelten Käses darauf verteilen.

4. Jeweils 4–5 Teigquadrate aufeinanderlegen und hochkant in eine Kastenform (25 x 11 cm, mit Backpapier ausgelegt) setzen. Die restlichen Teigquadrate so daranlegen, dass sie eingeschichtet sind. Mit dem restlichen Käse bestreuen. Den Teig zugedeckt mindestens 2 Stunden an einem warmen Ort gehen lassen.

5. Den Backofen kurz vor Ende der Teiggehzeit vorheizen.
Ober-/Unterhitze: etwa 180 °C
Heißluft: etwa 160 °C

6. Die Form auf dem Rost in den vorgeheizten Backofen schieben. Das Zupfbrot **etwa 45 Minuten goldbraun backen.**

7. Die Form auf einen Kuchenrost stellen. Das Zupfbrot etwa 10 Minuten abkühlen lassen. Dann aus der Form lösen, auf eine Platte legen und warm servieren.

TIPP:
Statt der frischen Zwiebeln kann man auch 1 Beutel Instant-Zwiebelsuppe auf die Teigquadrate streuen und diese wie beschrieben aufschichten.

SAUERTEIG-BROTE

DINKEL-SAUERTEIGBROT

ZUBEREITUNGSZEIT:
30 Minuten, ohne Abkühlzeit

RUHE-/GEHZEIT:
etwa 1 ½ Stunden

BACKZEIT:
etwa 1 Stunde

ZUTATEN FÜR 1 BROT

FÜR DEN HEFE-SAUERTEIG:
400 g Dinkelvollkornmehl
200 g Dinkelmehl (Type 630)
2 EL Dinkel- oder Weizenkeime
2 TL Salz
1 TL gem. Koriander
½ TL gem. Kümmel
21 g frische Hefe
300 ml kaltes Wasser
150 g flüssiger Sauerteig
(im Frischebeutel)

INSGESAMT:
E: 100 g, F: 25 g, Kh: 450 g,
kcal: 2500

1. Für den Teig beide Mehlsorten, Keime, Salz, Koriander und Kümmel in einer großen Rührschüssel mischen.

2. Die Hefe zerkrümeln. Mit dem Wasser und dem Sauerteig in einer Schüssel verrühren.

3. Die Hefe-Sauerteig-Mischung zur Mehlmischung geben. Alle Zutaten mit einem Mixer (Knethaken) zunächst kurz auf niedrigster, dann auf höchster Stufe in etwa 5 Minuten zu einem glatten, geschmeidigen Teig verarbeiten.

4. Den Teig auf der leicht bemehlten Arbeitsfläche kurz durchkneten. Zu einer Kugel formen, leicht mit Mehl bestäuben und zugedeckt so lange an einem warmen Ort gehen lassen, bis er sich sichtbar vergrößert hat, etwa 1 Stunde.

5. Den gegangenen Teig auf der leicht bemehlten Arbeitsfläche erneut kräftig durchkneten. Den Teig zu einem länglichen Laib formen. Auf ein Backblech (mit Backpapier belegt) legen.

6. Die Teigoberfläche mit einem scharfen Messer fünfmal schräg etwa 1 cm tief einschneiden. Mit Mehl bestäuben und nochmals zugedeckt so lange an einem warmen Ort gehen lassen, bis der Laib sich sichtbar vergrößert hat, etwa 30 Minuten.

7. Den Backofen vorheizen.
Ober-/Unterhitze: etwa 200 °C
Heißluft: etwa 180 °C

8. Das Backblech in den vorgeheizten Backofen schieben. Das Brot **etwa 1 Stunde backen.** Dabei ein mit Wasser gefülltes ofenfestes Gefäß auf einem Rost auf den Boden des Ofens stellen, damit sich Dampf entwickeln kann und das Brot feucht bleibt.

9. Das Brot herausnehmen, den Klopftest machen. Dazu mit den Fingern auf die Unterseite des Brotes klopfen. Wenn es hohl klingt, ist es ausgebacken. Das Brot auf einem Kuchengitter auskühlen lassen.

TIPP:
Die Zutatenmengen verdoppeln und wie beschrieben zu einem elastischen Teig verarbeiten. Den Teig in zwei Portionen teilen und zu länglichen Laiben formen. Im vorgeheizten Backofen nacheinander oder gleichzeitig (mit Heißluft) backen.

DREIKORNBROT

VEGAN

VORBEREITUNG:
2 Tage im Voraus

ZUBEREITUNGSZEIT:
50 Minuten

RUHE-/GEHZEIT:
2 Tage, 4 ½ Stunden

BACKZEIT:
etwa 60 Minuten je Brot

ZUTATEN FÜR 2 RUNDE BROTE

FÜR DEN SAUERTEIGANSATZ:
150 ml lauwarmes Wasser
5 g frische Hefe
60 g Roggenmehl (Type 610)

FÜR DIE GETREIDEMISCHUNG:
750 ml Wasser
200 g Weizenkörner
150 g Roggenkörner

FÜR DEN TEIG:
150 ml lauwarmes Wasser
21 g frische Hefe
150 g Weizenmehl (Type 1050)
750 g Weizenmehl (Type 1050)
500 g Weizenvollkornschrot (mittelfein gem.)
250 g Roggenmehl (Type 997), Salz
80 g Sonnenblumenkerne
550 ml lauwarmes Wasser

PRO BROT:
E: 134 g, F: 30 g, Kh: 734 g, kcal: 3719

1. Für den Sauerteigansatz zwei Tage vor dem geplanten Backen das Wasser in eine kleine Schüssel (kein Metall) geben, Hefe unter Rühren darin auflösen. Mehl hinzugeben und die Zutaten zu einem glatten Teig verrühren. Die Schüssel mit Frischhaltefolie verschließen, den Sauerteigansatz bei Zimmertemperatur 2 Tage stehen lassen. In dieser Zeit den Ansatz nicht rühren.

2. Für die Getreidemischung einen Tag vor dem geplanten Backen das Wasser in einen Topf geben. Weizen- und Roggenkörner darin zugedeckt zum Kochen bringen. Den Topf von der Kochstelle nehmen. Körner im Kochwasser erkalten und etwa 24 Stunden quellen lassen.

3. Am Tag des Backens: Die Körner in ein Sieb abgießen und gut abtropfen lassen.

4. Für den Vorteig das Wasser in die Rührschüssel einer Küchenmaschine geben. Hefe darin unter Rühren auflösen. Mehl hinzugeben und zu einem weichen Vorteig verrühren. Dann für den Teig Weizenmehl, Vollkornschrot und Roggenmehl daraufgeben (nicht verrühren). Sonnenblumenkerne und Salz daraufstreuen. Die Schüssel mit Frischhaltefolie verschließen, den Teig an einem warmen Ort gehen lassen, etwa 90 Minuten.

5. Die eingeweichten Körner auf die Mehlschicht geben.

6. Den Sauerteigansatz mit Wasser verrühren und hinzugeben. Mit der Küchenmaschine (Knethaken) in etwa 1 Minute zu einem glatten Teig verkneten. Den Teig auf eine mit Mehl bestreute Arbeitsfläche legen und mit den Händen etwa 3 Minuten kneten, bis er elastisch ist, zu einer Kugel formen und auf ein Backblech (mit Backpapier belegt) legen. Die Teigkugel mit Frischhaltefolie zudecken, an einem warmen Ort gehen lassen, bis sie sich sichtbar vergrößert hat, etwa 1 Stunde.

7. Den Teig ohne weiteres Kneten und 2 Laibe formen. 2 Gärkörbe (Ø etwa 26 cm; ersatzweise 2 Schüsseln mit einem Geschirrtuch auslegen) mit Mehl ausstreuen. Brotlaibe hineinlegen, zudecken und an einem warmen Ort so lange gehen lassen, bis sie sich sichtbar vergrößert haben, etwa 2 Stunden.

8. Den Backofen vorheizen. Ober-/Unterhitze: etwa 200 °C Heißluft: nicht empfehlenswert.

9. Zunächst einen Brotlaib auf ein Backblech (gefettet, mit Backpapier belegt) stürzen und mit Mehl bestäuben. Das Backblech in den vorgeheizten Backofen schieben. Brot **etwa 60 Minuten backen.** (Der 2. Brotlaib bleibt bis zum Backen zugedeckt an einem warmen Ort stehen.)

10. Das Brot nach dem Backen sofort mit kaltem Wasser bestreichen. Dann auf einen Kuchenrost erkalten lassen. Den zweiten Laib ebenso backen.

DUNKLES SAUERBROT

VEGAN

ZUBEREITUNGSZEIT:
etwa 2 Stunden, ohne Abkühlzeit

RUHE-/GEHZEIT:
etwa 1 ½ Stunden

BACKZEIT:
50–60 Minuten

ZUTATEN FÜR 1 BROT
375 g Roggenmehl (Type 1150)
375 g Weizenvollkornmehl
2 Pck. Trockenbackhefe
1 TL Zucker
1 gestr. EL Salz
150 g flüssiger Sauerteig (im Frischebeutel)
400 ml lauwarmes Wasser

INSGESAMT:
E: 91 g, F: 15 g, Kh: 523 g, kcal: 2740

1. Beide Mehlsorten in eine große Rührschüssel geben und mit der Trockenhefe sorgfältig vermischen. Zucker, Salz, Sauerteig und Wasser hinzufügen.

2. Die Zutaten mit dem Mixer (Knethaken) zunächst auf niedrigster, dann auch höchster Stufe in etwa 5 Minuten zu einem glatten Teig verarbeiten. Den Teig mit Mehl bestäuben und zugedeckt an einem warmen Ort so lange gehen lassen, bis er sich sichtbar vergrößert hat, etwa 1 Stunde.

3. Den gegangenen Teig auf der leicht bemehlten Arbeitsfläche kurz durchkneten und zu einem runden Laib formen.

4. Das Brot auf ein Backblech (gefettet, mit Backpapier belegt) legen und nochmals zugedeckt so lange an einem warmen Ort gehen lassen, bis es sich sichtbar vergrößert hat, etwa 30 Minuten.

5. Den Backofen vorheizen.
Ober-/Unterhitze: etwa 200 °C
Heißluft: etwa 180 °C

6. Die Teigoberfläche mit einem Messer kreuzweise etwa 1 cm tief einschneiden. Den Teig mit Wasser bestreichen und mit Mehl bestäuben. Das Backblech in den vorgeheizten Backofen schieben und **50–60 Minuten backen.**

7. Das Brot herausnehmen und sofort die Brotkanten mit Wasser bestreichen.

8. Das Brot auf einen Kuchenrost legen und vollständig auskühlen lassen.

TIPP:
Alternativ das Brot in einer gefetteten, mit Semmelbröseln ausgestreuten Kastenform (35 x 11 cm) backen.

HASELNUSS-ZWIEBEL-BROT

ZUBEREITUNGSZEIT:
20 Minuten, ohne Abkühlzeit

RUHE-/GEHZEIT:
etwa 1 Stunde und 45 Minuten

BACKZEIT:
etwa 1 Stunde

ZUTATEN FÜR 1 BROT

FÜR DEN HEFE-SAUERTEIG:
750 g Dinkel-Vollkornmehl
42 g frische Hefe
450 ml lauwarmes Wasser
1 TL Zucker
150 g flüssiger Sauerteig (im Frischebeutel)
1 TL Salz
100 g gehackte, geröstete Haselnüsse
100 g Röstzwiebeln (Fertigprodukt)
2 TL getrockneter Thymian

INSGESAMT:
E: 160 g, F: 80 g, Kh: 600 g, kcal: 4000

1. Für den Vorteig das Mehl in eine große Rührschüssel geben. In die Mitte eine Vertiefung eindrücken, die Hefe hineinbröckeln und mit 50 ml Wasser und Zucker verrühren. Den Vorteig zugedeckt an einem warmen Ort etwa 15 Minuten gehen lassen.

2. Den Sauerteig, übriges Wasser und Salz zum Vorteig geben. Nüsse, Zwiebeln und 1 Teelöffel Thymian hinzufügen. Alle Zutaten mit einem Mixer (Knethaken) zunächst kurz auf niedrigster, dann auf höchster Stufe in etwa 5 Minuten zu einem glatten, geschmeidigen Teig verarbeiten.

3. Den Teig leicht mit Mehl bestäuben und zugedeckt so lange an einem warmen Ort gehen lassen, bis er sich sichtbar vergrößert hat, etwa 1 Stunde.

4. Den gegangenen Teig auf der leicht bemehlten Arbeitsfläche kurz verkneten. Den Teig zu einem länglichen Laib formen und in eine Brotback- oder Kastenform (30 cm lang, gefettet) legen.

5. Die Teigoberfläche mit einem Messer mehrmals einritzen. Den Teig nochmals zugedeckt so lange an einem warmen Ort gehen lassen, bis er sich sichtbar vergrößert hat, etwa 30 Minuten.

6. Den Backofen vorheizen.
Ober-/Unterhitze: etwa 180 °C
Heißluft: etwa 160 °C

7. Die Teigoberfläche mit etwas Wasser bestreichen. Mit übrigem Thymian bestreuen und leicht andrücken.

8. Die Form auf dem Rost in den vorgeheizten Backofen schieben und das Brot **etwa 1 Stunde backen.** Dabei ein mit Wasser gefülltes ofenfestes Gefäß auf einen Rost auf den Ofenboden stellen, damit sich Dampf entwickeln kann und das Brot feucht bleibt.

9. Das Brot aus dem Backofen nehmen und auf einem Kuchengitter etwa 10 Minuten abkühlen lassen. Dann aus der Form nehmen und vollständig abkühlen lassen.

TIPP:
Sie können das Brot auch mit Tomaten backen. Hacken Sie hierfür 100 g in Öl eingelegte getrocknete Tomaten klein und arbeiten Sie diese anstelle der gerösteten Zwiebeln unter den Teig.

HELLES SAUERTEIG-BAUERNBROT

OHNE KNETEN

ZUBEREITUNGSZEIT:
20 Minuten, ohne Abkühlzeit

RUHE-/GEHZEIT:
etwa 8 Stunden (oder über Nacht) und 65 Minuten

BACKZEIT:
etwa 50 Minuten

ZUTATEN FÜR 1 BROT

FÜR DEN HEFETEIG:
75 g flüssiger Sauerteig (im Frischebeutel)
300 g Weizenmehl (Type 550)
2 gestr. TL Salz
150 g Hartweizengrieß
10 g frische Hefe
280 ml lauwarmes Wasser
1 TL flüssiger Honig
50 g mittelfeiner Weizen- oder Roggenschrot

ZUSÄTZLICH:
1 gusseiserner Topf mit Deckel (Ø etwa 20–22 cm)

INSGESAMT:
E: 54 g, F: 18 g, Kh: 378 g, kcal: 2250

1. Für den Teig Sauerteig im Beutel in warmem Wasser anwärmen.

2. Mehl mit Salz und 120 g Grieß in einer Schüssel gründlich mischen. Hefe in eine Schüssel hineinbröseln mit 200 ml handwarmem Wasser und Honig verrühren. 2 Esslöffel von der Mehlmischung unterrühren, bis alles gut vermischt ist. Zugedeckt gehen lassen, etwa 5 Minuten.

3. Den angewärmten Sauerteig mit 80 ml lauwarmem Wasser und Schrot verrühren. Die angerührte Hefe und die Mehlmischung in eine große Rührschüssel geben und kurz verrühren. Sauerteigmischung hinzugeben und alle Zutaten mit einem stabilen Holzlöffel verrühren. Zugedeckt bei Zimmertemperatur gehen lassen, etwa 1 Stunde. Dann die Rührschüssel in den Kühlschrank stellen und den Teig mindestens 8 Stunden oder über Nacht reifen und gehen lassen.

4. Den Teig etwa 2 Stunden vor dem Backen aus dem Kühlschrank nehmen und bei Zimmertemperatur temperieren.

5. Den Backofen vorheizen.
Ober-/Unterhitze: etwa 250 °C
Heißluft: etwa 230 °C

6. Den Topf auf dem Rost in den Backofen schieben und mindestens 20 Minuten miterhitzen.

7. Etwas Mehl und restlichen Grieß mischen und auf einer Arbeitsfläche verteilen. Den Teig aus der Schüssel mithilfe einer Teigkarte direkt auf die bemehlte Arbeitsfläche geben (nicht kneten), etwas auseinanderziehen und von oben, unten, rechts und links mehrfach zur Mitte überklappen (nicht kneten!), sodass ein runder Laib entsteht.

8. Den Topf vorsichtig aus dem Backofen nehmen und auf einen Rost stellen. Den Deckel abnehmen, den Teiglaib in den Topf legen und sofort mit dem Deckel verschließen. Den Topf wieder auf dem Rost in den heißen Backofen setzen. Das Brot **etwa 5 Minuten backen.**

9. Dann die Backofentemperatur herunterschalten.
Ober-/Unterhitze: etwa 220 °C
Heißluft: etwa 200 °C

10. Das Brot im geschlossenen Topf weitere **etwa 30 Minuten backen.** Dann den Topfdeckel abnehmen und das Brot **in weiteren etwa 15 Minuten goldbraun fertig backen.**

11. Den Topf auf einen Kuchenrost stellen. Das Brot etwa 15 Minuten abkühlen lassen, dann aus dem Topf auf einen Kuchenrost stürzen, wieder umdrehen und erkalten lassen.

KLASSISCHES SAUERTEIGBROT

VEGAN

ZUBEREITUNGSZEIT:
etwa 2 ½ Stunden,
ohne Abkühlzeit

RUHE-/GEHZEIT:
etwa 1 ½ Stunden

BACKZEIT:
etwa 1 Stunde

ZUTATEN FÜR 1 BROT

ZUM VORBEREITEN:
500 g Weizenkörner

FÜR DEN HEFE-SAUERTEIG:
300 g Roggenvollkornschrot
200 g Roggenmehl (Type 1150)
2 Pck. Trockenbackhefe
2 Pck. (je 15 g) Sauerteig-Extrakt
1 EL Salz
750 ml lauwarmes Wasser

INSGESAMT:
E: 130 g, F: 20 g, Kh: 693 g,
kcal: 3624

1. 300 g Weizenkörner mittelgrob schroten. Den restlichen Weizen fein mahlen.

2. Für den Teig Weizenschrot und -mehl, Roggenschrot und -mehl, Trockenhefe und Sauerteig-Extrakt in die Rührschüssel einer Küchenmaschine geben und sorgfältig vermischen. Salz und Wasser hinzufügen.

3. Alle Zutaten in der Küchenmaschine (Knethaken) zunächst auf niedrigster, dann auf höchster Stufe in etwa 5 Minuten zu einem glatten Teig verarbeiten.

4. Den Teig mit Mehl bestäuben und zugedeckt an einem warmen Ort so lange gehen lassen, bis er sich sichtbar vergrößert hat, etwa 1 Stunde.

5. Den gegangenen Teig auf der leicht bemehlten Arbeitsfläche kurz durchkneten, zu einer Kugel formen und in eine runde Brotback- oder Springform (Ø 26 cm, gefettet) legen. Den Teig zugedeckt an einem warmen Ort nochmals so lange gehen lassen, bis er sich sichtbar vergrößert hat, etwa 30 Minuten.

6. Den Backofen vorheizen.
Ober-/Unterhitze: etwa 200 °C
Heißluft: etwa180 °C

7. Die Form auf dem Rost in den vorgeheizten Backofen (unteres Drittel) schieben und das Brot **etwa 1 Stunde backen.** Dabei ein mit Wasser gefülltes, ofenfestes Gefäß auf einem Rost auf den Boden des Ofens stellen, damit sich Dampf entwickeln kann und das Brot feucht bleibt.

8. Die Form aus dem Backofen nehmen und auf dem Kuchenrost etwa 5 Minuten abkühlen lassen. Dann aus der Form nehmen und auf dem Kuchenrost erkalten lassen.

TIPPS:
Wer keine Getreidemühle besitzt, kann für das Brot ersatzweise 300 g Weizen-Vollkornschrot und 200 g Weizenvollkornmehl verwenden.
Für dieses Rezept ist eine Küchenmaschine mit großer Rührschüssel sinnvoll. Sie können aber auch einen Mixer (Knethaken) verwenden, den Teig auf zwei Rührschüsseln aufteilen und kneten.

LANDBROT

VEGAN

ZUBEREITUNGSZEIT:
etwa 20 Minuten,
ohne Abkühlzeit

RUHE-/GEHZEIT:
etwa 1 ½ Stunden

BACKZEIT:
etwa 50 Minuten

ZUTATEN FÜR 1 BROT
125 g Weizenmehl (Type 1050)
250 g Roggenmehl (Type 1150)
1 gestr. TL Salz
½ Pck. Sauerteig-Extrakt (7,5 g)
1 Pck. Trockenbackhefe
etwa 400 ml lauwarmes Wasser

INSGESAMT:
E: 39 g, F: 5 g, Kh: 52 g, kcal: 1410

1. Beide Mehle in einer großen Rührschüssel mischen. Salz, Sauerteig, Hefe und Wasser dazugeben. Alle Zutaten mit einem Mixer (Knethaken) zunächst kurz auf niedrigster, dann auf höchster Stufe in etwa 5 Minuten zu einem glatten, geschmeidigen Teig verarbeiten.

2. Den Teig leicht mit Mehl bestäuben und zugedeckt so lange an einem warmen Ort gehen lassen, bis er sich sichtbar vergrößert hat, etwa 1 Stunde.

3. Den gegangenen Teig auf der leicht bemehlten Arbeitsfläche kurz durchkneten und zu einem runden Laib formen. Auf ein Backblech (gefettet, mit Backpapier belegt) legen und die Teigoberfläche mit einem Messer kreuzweise etwa 1 cm tief einschneiden. Den Teig nochmals zugedeckt an einem warmen Ort gehen lassen, bis er sich sichtbar vergrößert hat, etwa 30 Minuten.

4. Den Backofen vorheizen.
Ober-/Unterhitze: etwa 200 °C
Heißluft: etwa 180 °C

5. Den Teig mit Wasser bestreichen und mit etwas Weizenmehl bestäuben. Das Backblech in den vorgeheizten Backofen schieben und das Brot **etwa 50 Minuten backen.** Dabei ein mit Wasser gefülltes ofenfestes Gefäß auf einem Rost auf den Boden des Ofens stellen, damit sich Dampf entwickeln kann und das Brot feucht bleibt.

6. Das Brot aus dem Ofen nehmen und auf dem Kuchenrost erkalten lassen.

TIPP:
Zusätzlich noch 80 g Saaten, z. B. Sonnenblumenkerne, Kürbiskerne, Leinsamen, unter den Teig kneten – nach persönlichen Vorlieben nur eine Sorte oder mehrere gemischt.

PARTYSONNE AUS NO-KNEAD-TEIG

OHNE KNETEN

ZUBEREITUNGSZEIT:
20 Minuten, ohne Abkühlzeit

RUHE-/GEHZEIT:
etwa 8 Stunden oder über Nacht und etwa 60 Minuten

BACKZEIT:
etwa 35 Minuten

ZUTATEN FÜR 1 PARTYBROT

FÜR DEN SAUERTEIG:
75 g flüssiger Sauerteig (im Frischebeutel)
650 g Weizenmehl (Type 550)
100 g Roggenmehl (Type 1150)
20 g Salz
420 ml lauwarmes Wasser
21 g g frische Hefe
2 großzügige Prisen Zucker
100 ml Kefir

NACH BELIEBEN ZUM BESTREUEN:
Meersalzflocken, Mohn-, Sesamsamen, getrocknete Kräuter

INSGESAMT:
E: 91 g, F: 26 g, Kh: 533 g, kcal: 3185

1. Den Sauerteig in der Tüte in warmem Wasser etwa 5 Minuten temperieren. Beide Mehlsorten mit Salz in einer großen Schüssel (Teig geht stark auf!) mischen. 420 ml lauwarmes Wasser mit zerbröselter Hefe und Zucker verrühren und zur Mehlmischung in die Schüssel geben. Mit einem stabilen Holzlöffel kräftig verrühren, bis alles gerade vermischt ist.

2. Den temperierten Sauerteig mit Kefir verschlagen und gründlich unter die Mehl-Hefe-Masse rühren, bis alles gut vermischt ist und keine Mehlklümpchen mehr vorhanden sind. Die Schüssel mit Frischhaltefolie oder locker mit einem Deckel bedecken, im Kühlschrank über Nacht (mindestens 8 Stunden) ruhen und reifen lassen.

3. Am folgenden Backtag den Teig etwa 30 Minuten vor der weiteren Verarbeitung aus dem Kühlschrank nehmen.

4. Eine Arbeitsfläche großzügig mit Mehl bestäuben. Den Teig mithilfe einer Teigkarte vorsichtig aus der Schüssel lösen und direkt auf das Mehl setzen. Dabei nicht kneten, sondern den Teig möglichst von selbst aus der Schüssel gleiten lassen, sodass die entstandenen Gärgase im Teig erhalten bleiben.

5. Mithilfe der Teigkarte 13–15 gleichgroße, längliche Stücke vom Teig abstechen. Mit gut bemehlten Händen vorsichtig länglich rund (etwa 22 cm) formen und ausziehen (nicht kneten!). Mit jeweils etwas Abstand zueinander in einer Art Wirbel als Sonne/Blume auf ein Backblech (mit Backpapier belegt) setzen. Den Teig nochmals fein mit Mehl bestäuben, mit Frischhaltefolie bedecken und mit einem Küchenhandtuch bedeckt bei Zimmertemperatur etwa 1 Stunde gehen lassen.

6. Den Backofen vorheizen.
Ober-/Unterhitze: etwa 230 °C
Heißluft: etwa 210 °C

7. Die Brötchen dünn mit Wasser besprühen oder bestreichen. Nach Belieben mit Salz, Samen und Kräutern bestreuen.

8. Das Backblech vorsichtig in den vorgeheizten Backofen schieben. Die Partysonne **etwa 5 Minuten backen.** Dann die Backofentemperatur herunterschalten auf etwa 190 °C Ober-/Unterhitze oder etwa 170 °C Heißluft. Die Partysonne **35–40 Minuten backen.**

9. Das Backblech auf einen Kuchenrost stellen. Die Partysonne erkalten lassen.

PUMPERNICKEL

ZUBEREITUNGSZEIT:
30 Minuten, ohne Abkühlzeit

RUHE-/GEHZEIT:
etwa 4 Stunden und 30 Minuten

BACKZEIT:
8–10 Stunden

ZUTATEN FÜR 1 BROT

FÜR DEN SAUERTEIG:
300 g flüssiger Sauerteig (im Frischebeutel)
400 g Roggen-Vollkornschrot
300 ml lauwarmes Wasser
250 g Roggenmehl (Type 997)
100 g Roggenflocken
2 TL Salz
75 g Zuckerrübensirup

ZUSÄTZLICH:
Alufolie

INSGESAMT:
E: 75 g, F: 25 g, Kh: 600 g, kcal: 3000

1. Für den Teig den Sauerteig, 200 g Roggenschrot und 200 ml lauwarmes Wasser in einer großen Rührschüssel gründlich miteinander verrühren und zugedeckt bei Zimmertemperatur etwa 1 Stunde quellen lassen.

2. Das übrige Schrot, Mehl, Flocken, Salz, Sirup und restliches Wasser zum Vorteig geben. Alle Zutaten mit einem Mixer (Knethaken) zunächst kurz auf niedrigster, dann auf mittlerer Stufe zu einem glatten Teig verarbeiten. So lange kneten, bis sich der Teig vom Schüsselrand löst, etwa 5 Minuten.

3. Den Teig leicht mit Mehl bestäuben und zugedeckt an einem warmen Ort ruhen lassen, etwa 3 Stunden.

4. Den Teig auf der bemehlten Arbeitsfläche kräftig durchkneten und zu einem länglichen Laib formen. In eine Kastenform (30 cm lang, gefettet) legen und leicht mit Mehl bestäuben.

5. Den Teig zugedeckt nochmals an einem warmen Ort ruhen lassen, etwa 30 Minuten.

6. Den Backofen vorheizen.
Ober-/Unterhitze: etwa 120 °C
Heißluft: etwa 100 °C

7. Die Teigoberfläche mit Wasser bestreichen und die Form fest mit Alufolie abdecken.

8. Die Form auf dem Rost in den vorgeheizten Backofen (unteres Drittel) schieben und das Pumpernickel **8–10 Stunden backen.** Nach 8 Stunden ein Holstäbchen in das Brot stecken. Wenn kein Teig mehr daran haften bleibt, ist es fertig.

9. Den Backofen aufschalten. Die Alufolie entfernen. Pumpernickel im ausgeschalteten Ofen etwa 1 Stunde abkühlen lassen. Dann aus der Form lösen und vollständig erkalten lassen. Vor dem Anschneiden 1 Tag ruhen und reifen lassen.

ROGGENBROT
MIT SELBST ANGESETZTEM SAUERTEIG

ZUBEREITUNGSZEIT:
etwa 1 Stunde, ohne Abkühlzeit

RUHE-/GEHZEIT:
etwa 4 Tage und 3 Stunden

BACKZEIT:
60–70 Minuten

ZUTATEN FÜR 1 BROT

FÜR DEN SAUERTEIGANSATZ:
1. STUFE:
200 ml lauwarmes Wasser
15 g frische Hefe
125 g Roggenmehl (Type 1150)
1 kleine Zwiebel
2. STUFE:
200 ml lauwarmes Wasser
125 g Roggenmehl (Type 1150)

FÜR DEN TEIG:
1 kg Roggenmehl (Type 1150)
20 g Salz
10 g frische Hefe
500 ml lauwarmes Wasser

ZUM BESTREUEN DER ARBEITSFLÄCHE:
200 g Roggenmehl (Type 1150)

ZUSÄTZLICH:
1 sauberes, feuchtes Geschirrtuch

INSGESAMT:
E: 135 g, F: 19 g, Kh: 990 g, kcal: 4740

1. Für den Sauerteigansatz (1. Stufe) das Wasser in eine Rührschüssel geben. Die Hefe hinzufügen und unter Rühren darin auflösen. Anschließend das Mehl hinzugeben und die Zutaten mit einem Rührlöffel zu einem glatten Teigansatz verrühren. Die Zwiebel abziehen, halbieren und in den Hefeansatz geben. Die Rührschüssel mit Frischhaltefolie zudecken und den Teigansatz 1 Tag bei Zimmertemperatur stehen lassen, während dieser Zeit nicht umrühren.

2. Für die 2. Stufe die Zwiebelhälften aus dem Teigansatz entfernen. Das Wasser und Mehl unterrühren. Den Teigansatz mit Frischhaltefolie zugedeckt weitere 3 Tage bei Zimmertemperatur stehen lassen, währenddessen nicht verrühren.

3. Für den Teig Mehl und Salz in eine große Rührschüssel geben. In die Mitte eine Vertiefung eindrücken und den Sauerteigansatz hineingießen. Die Hefe zerkrümeln und in einer kleinen Schüssel mit dem Wasser verrühren. Die Hefe-Mischung zur Mehl-Mischung in die Schüssel geben. Alle Zutaten in der Küchenmaschine oder mit dem Mixer (Knethaken) zunächst kurz auf niedrigster, dann auf höchster Stufe in etwa 5 Minuten zu einem glatten Teig verkneten.

4. Zum Bestreuen das Mehl auf die Arbeitsfläche streuen und den Teig daraufgeben. Das Mehl nach und nach mit den Händen unter den Teig kneten, bis der Teig elastisch ist, etwa 10 Minuten.

5. Den Teig zu einer Kugel formen und auf ein Backblech (mit Backpapier belegt) legen. Mit einem sehr scharfen Messer ein Kreuz, etwa ½ cm tief, in die Teigkugel schneiden. Die Teigkugel mit einem feuchten Geschirrtuch zudecken und so lange an einem warmen Ort gehen lassen, bis sie sich sichtbar vergrößert hat, etwa 3 Stunden.

6. Den Backofen vorheizen.
Ober-/Unterhitze: etwa 200 °C
Heißluft: nicht empfehlenswert

7. Die Teigkugel mit etwas Roggenmehl bestäuben. Das Backblech in den vorgeheizten Backofen schieben und das Brot **60–70 Minuten backen.** Dabei ein mit Wasser gefülltes ofenfestes Gefäß auf einem Rost auf den Boden des Ofens stellen, damit sich Dampf entwickeln kann und das Brot feucht bleibt. Falls es zu dunkel wird, das Brot nach etwa 50 Minuten Backzeit mit einem Stück Backpapier zudecken.

8. Das Brot nach 60 Minuten aus dem Ofen nehmen und einen Klopftest machen: Mit den Fingern auf die Unterseite des Brotes klopfen. Wenn es hohl klingt, ist es ausgebacken. Das Brot auf den Kuchenrost legen und erkalten lassen.

ROGGEN-SAUERTEIGBROT MIT KRUSTE

ZUBEREITUNGSZEIT:
30 Minuten, ohne Abkühlzeit

RUHE-/GEHZEIT:
etwa 2 Stunden

BACKZEIT:
etwa 1 Stunde

ZUTATEN FÜR 1 BROT

FÜR DEN HEFE-SAUERTEIG:
300 g Roggenmehl (Type 1150)
250 g Dinkel-Vollkornmehl
250 g Roggen-Vollkornschrot
60 g frische Hefe
300 ml lauwarmes Wasser
1 TL Ahornsirup
200 ml lauwarmer Kefir (1,5 % Fett)
150 g flüssiger Roggen-Sauerteig (im Frischebeutel)
1 EL Brotgewürz-Mischung
1 EL Balsamico-Essig
2 TL Salz

INSGESAMT:
E: 120 g, F: 30 g, Kh: 600 g, kcal: 3300

1. Für den Vorteig beide Mehle und das Schrot in einer großen Rührschüssel mischen. In die Mitte eine Vertiefung eindrücken, die Hefe hineinbröckeln und mit 50 ml Wasser und dem Ahornsirup verrühren. Den Vorteig zugedeckt an einem warmen Ort stehen lassen, bis er sich verdoppelt hat, etwa 30 Minuten.

2. Kefir, übriges Wasser, Sauerteig, Brotgewürz, Essig und Salz zum Vorteig geben. Alle Zutaten mit einem Mixer (Knethaken) zunächst kurz auf niedrigster, dann auf mittlerer Stufe in etwa 5 Minuten zu einem glatten, geschmeidigen Teig verarbeiten.

3. Den Teig leicht mit Mehl bestäuben und zugedeckt so lange an einem warmen Ort gehen lassen, bis er sich sichtbar vergrößert hat, etwa 1 Stunde.

4. Den gegangenen Teig auf der leicht bemehlten Arbeitsfläche kurz verkneten und zu einem ovalen Laib formen. In eine Brotbackform (35 cm lang, gefettet) oder auf ein Backblech (gefettet, mit Backpapier belegt) legen. Mit Mehl bestäuben und nochmals zugedeckt so lange an einem warmen Ort gehen lassen, bis er sich sichtbar vergrößert hat, etwa 30 Minuten.

5. Den Backofen vorheizen.
Ober- und Unterhitze: etwa 200 °C
Heißluft: etwa 180 °C

6. Die Teigoberfläche mit einem Messer mehrmals über Kreuz etwa 1 cm tief einschneiden. Das Blech in den vorgeheizten Backofen (unteres Drittel) schieben und das Brot **etwa 1 Stunde backen.** Dabei ein mit Wasser gefülltes ofenfestes Gefäß auf einem Rost auf den Boden des Ofens stellen, damit sich Dampf entwickeln kann und das Brot feucht bleibt.

7. Das Brot aus dem Ofen nehmen und den Klopftest machen: Mit den Fingern auf die Unterseite des Brotes klopfen. Wenn es hohl klingt, ist es ausgebacken. Das Brot auf einem Kuchengitter auskühlen lassen.

TIPP:
Statt Brotgewürz fertig zu kaufen kann man es auch auf Vorrat selber machen. Dazu 2 ½ Esslöffel Kümmel, 1 Esslöffel Koriander- und je ½ Esslöffel Anis- und Fenchelsamen mischen und im Mörser zerstoßen oder in einer Gewürzmühle mahlen. In einem kleinen Twist-Off-Glas dunkel und trocken aufbewahren.

SAUERTEIG-KÖRNER-BROT

ZUBEREITUNGSZEIT:
10 Minuten, ohne Abkühlzeit

RUHE-/GEHZEIT:
3–4 Stunden und 5 Minuten

BACKZEIT:
etwa 50 Minuten

ZUTATEN FÜR 1 BROT

FÜR DEN TEIG:
75 g flüssiger Sauerteig (im Frischebeutel)
25 g frische Hefe
250 ml handwarmes Wasser
1 TL flüssiger Honig
300 g Weizenmehl (Type 550)
2 gestr. TL Salz
50 g Saaten-Körner-Mix (z. B. Kürbis-, Sonnenblumen-, Pinienkerne)
50 g mittelfeiner Roggenschrot
100 ml warmes Wasser
100 g Roggenmehl (Type 1150)

ZUSÄTZLICH:
1 gusseiserner Topf mit Deckel (Ø etwa 20– 22 cm)
1 EL Leinsamen
1 EL Sesamsamen

INSGESAMT:
E: 90 g, F: 54 g, Kh: 414 g, kcal: 3024

1. Für den Teig Sauerteig im Tütchen in warmem Wasser leicht erwärmen.

2. Zerbröselte Hefe mit 250 ml handwarmem Wasser und Honig verrühren. 2 Esslöffel Weizenmehl unterrühren, sodass alles gut vermischt ist. Zugedeckt etwa 5 Minuten gehen lassen.

3. Restliches Weizenmehl, Salz, Saaten-Mix und Roggenschrot in einer Schüssel gut vermischen.

4. Den angewärmten Sauerteig mit 100 ml warmem Wasser und Roggenmehl verrühren. Die angerührte Hefe und die Mehl-Saaten-Mischung in eine große Rührschüssel geben und kurz verrühren. Die Sauerteigmischung hinzugeben und alles mit einem stabilen Holzlöffel verrühren. Zugedeckt an einem warmen Ort (Zimmertemperatur mindestens 24 °C) 3–4 Stunden reifen und gehen lassen, bis der Teig stark blasig ist.

5. Etwa 20 Minuten vor dem Backen den Backofen vorheizen und dem Topf mit passendem Deckel auf den Rost setzen und mit vorheizen.
Ober-/Unterhitze: etwa 250 °C
Heißluft: etwa 230 °C

6. Den Teig aus der Schüssel mithilfe einer Teigkarte direkt auf eine bemehlte Arbeitsfläche geben (nicht kneten). Jeweils mit der Teigkarte von oben, unten, rechts und links mehrfach zur Mitte überklappen (nicht kneten!), sodass ein runder Laib entsteht.

7. Den vorgeheizten Topf vorsichtig aus dem Backofen nehmen und auf einen Rost setzen. Den Deckel abnehmen und den Teiglaib mit der Naht nach unten in den Topf legen, mit Leinsamen und Sesamsamen bestreuen, Topf sofort mit dem Deckel verschließen und wieder auf dem Rost in den heißen Backofen schieben. Das Brot **etwa 5 Minuten backen.**

8. Dann die Backofentemperatur herunterschalten.
Ober-/Unterhitze: etwa 220 °C
Heißluft: etwa 200 °C

9. Das Brot im geschlossenen Topf **weitere etwa 30 Minuten backen.**

10. Dann den Deckel abnehmen und das Brot **in weiteren etwa 15 Minuten goldbraun fertig backen.**

11. Den Topf aus dem Backofen nehmen und auf einen Kuchenrost stellen. Das Brot etwa 15 Minuten abkühlen lassen, dann aus dem Topf auf den Kuchenrost stürzen, wieder umdrehen und erkalten lassen.

SONNENBLUMENBROT

ZUBEREITUNGSZEIT:
55 Minuten

RUHE-/GEHZEIT:
etwa 1 Stunde

BACKZEIT:
etwa 45 Minuten

ZUTATEN FÜR 1 BROT

FÜR DEN HEFETEIG:
250 g grob gem. Weizenkörner
200 g grob gem. Roggenkörner
50 g Weizen-Vollkornmehl
1 Pck. Trockenbackhefe
1 Pck. Sauerteig-Extrakt (15 g)
375 ml lauwarmes Wasser
1 gestr. TL Meersalz
1 EL flüssiger Honig
2 EL Speiseöl
100 g Sonnenblumenkerne
60 g Sesamsamen
60 g Leinsamen

ZUM BESTREUEN:
1 EL Sonnenblumenkerne

INSGESAMT:
E: 114 g, F: 139 g, Kh: 370 g, kcal: 3355

1. Für den Teig grob gemahlene Weizen- und Roggenkörner mit dem Weizen-Vollkornmehl in eine Rührschüssel geben, mit Trockenbackhefe und Sauerteig-Extrakt sorgfältig vermischen. Wasser, Salz, Honig und das Speiseöl hinzufügen.

2. Die Zutaten mit einem Mixer (Knethaken) zunächst kurz auf niedrigster, dann auf höchster Stufe in etwa 5 Minuten zu einem glatten Teig verarbeiten.

3. Den Teig leicht mit Mehl bestäuben und zugedeckt so lange an einem warmen Ort gehen lassen, bis er sich sichtbar vergrößert hat, etwa 30 Minuten.

4. Sonnenblumenkerne, Sesam und Leinsamen hinzufügen, mit einem Mixer (Knethaken) auf mittlerer Stufe unter den Teig kneten.

5. Teig mit Mehl bestäuben, auf der leicht bemehlten Arbeitsfläche nochmals kurz verkneten und zu einem Teiglaib formen.

6. Den Teiglaib auf ein Backblech (mit Backpapier belegt) legen und zugedeckt nochmals so lange an einem warmen Ort gehen lassen, bis er sich sichtbar vergrößert hat, etwa 30 Minuten.

7. In der Zwischenzeit den Backofen vorheizen.
Ober-/Unterhitze: etwa 200 °C
Heißluft: etwa 180 °C

8. Die Teigoberfläche mit Wasser bestreichen und mit Sonnenblumenkernen bestreuen.

9. Das Backblech in den vorgeheizten Backofen schieben. Das Brot **etwa 45 Minuten backen.**

10. Das Backblech auf einen Kuchenrost stellen. Das Brot sofort vorsichtig mit Wasser bestreichen und leicht mit Weizen-Vollkornmehl bestäuben. Brot auf einem Kuchenrost erkalten lassen.

TIPPS:
Durch die Zubereitung mit Sauerteig bleibt das Brot auch nach dem Backen lange frisch.
Bewahren Sie es am besten in einem Kunststoffbeutel oder einer speziellen Brot-Box auf, damit es seine Saftigkeit behält.
Möchten Sie gleich 2 Brote backen, sollte der Teig in einer Küchenmaschine zubereitet werden. Durch die grob gemahlenen Körner und das Vollkornmehl ist der Teig recht schwer. Wird er dann wie beschrieben zubereitet, könnte es sein, dass der Mixer überhitzt wird.

TEX-MEX-BROTKRANZ

MIT ALKOHOL

ZUBEREITUNGSZEIT:
30 Minuten, ohne Abkühlzeit

RUHE-/GEHZEIT:
etwa 1 Stunde und 15 Minuten

BACKZEIT:
etwa 1 Stunde

ZUTATEN FÜR 12 STÜCKE

FÜR DEN HEFE-SAUERTEIG:
250 g Roggenmehl (Type 1150)
200 g Weizenmehl (Type 550)
2 TL Salz, 42 g frische Hefe
75 g flüssiger Sauerteig (im Frischebeutel)
150 ml Bier (zimmerwarm)
100 ml lauwarmes Wasser

FÜR DIE FÜLLUNG:
1 Zwiebel, 1 rote Chilischote
1 kleine rote Paprikaschote
3 Frühlingszwiebeln, 1 EL Olivenöl
250 g Rinderhackfleisch
1 EL Tomatenmark, Salz, Pfeffer
140 g abgetropfter Mais (aus der Dose)
75 g ger. Cheddar

ZUM BESTREUEN:
3 EL gemischte Kerne
75 g ger. Cheddar

PRO STÜCK:
E: 14 g, F: 10 g, Kh: 34 g, kcal: 290

1. Für den Teig beide Mehle und Salz in einer großen Rührschüssel mischen. In die Mitte eine Vertiefung drücken, die Hefe hineinbröckeln.

2. Den Sauerteig, Bier und Wasser dazugeben. Alle Zutaten mit einem Mixer (Knethaken) zunächst kurz auf niedrigster, dann auf höchster Stufe in etwa 5 Minuten zu einem glatten, geschmeidigen Teig verarbeiten.

3. Den Teig leicht mit Mehl bestäuben und zugedeckt so lange an einem warmen Ort gehen lassen, bis er sich sichtbar vergrößert hat, etwa 45 Minuten.

4. Für die Füllung die Zwiebel abziehen und würfeln. Die Chilischote putzen, entkernen, abspülen und fein würfeln. Die Paprikaschote halbieren, entstielen, entkernen und die weißen Scheidewände entfernen. Schote abspülen, abtropfen lassen und klein würfeln. Die Frühlingszwiebeln putzen, abspülen, abtropfen lassen und in dünne Scheiben schneiden.

5. Das Öl in einer Pfanne erhitzen. Hackfleisch unter Rühren in etwa 5 Minuten braun und krümelig braten. Zwiebel, Chili, Paprika und Frühlingszwiebeln dazugeben und 2–3 Minuten mitbraten. Tomatenmark einrühren, Hackmischung kräftig mit Salz und Pfeffer würzen. Den Mais untermischen und die Mischung vom Herd nehmen.

6. Den gegangenen Teig auf der leicht bemehlten Arbeitsfläche kurz verkneten. Den Teig zu einem Rechteck (50 x 20 cm) ausrollen. Hackmasse darauf verteilen, dabei an den Rändern 2–3 cm frei lassen. Mit dem Cheddar bestreuen.

7. Den Teig von der Längsseite aus aufrollen. Den Teigstrang in eine Springform mit Rohrboden (Ø 26 cm, gefettet) legen, dabei die Enden aneinanderdrücken.

8. Den Teigring zugedeckt so lange an einem warmen Ort gehen lassen, bis er sich sichtbar vergrößert hat, etwa 30 Minuten.

9. Den Backofen vorheizen.
Ober-/Unterhitze: etwa 180 °C
Heißluft: etwa 160 °C

10. Die Teigoberfläche mit Wasser bestreichen. Mit Kernen und Cheddar bestreuen.

11. Die Form auf dem Rost in den vorgeheizten Backofen schieben und das Brot in **etwa 1 Stunde goldbraun backen.**

12. Das Brot aus dem Backofen nehmen und auf einem Kuchengitter etwa 10 Minuten abkühlen lassen. Aus der Form nehmen und warm genießen.

TIPPS:
Das gefüllte Brot ist ein Hingucker auf jedem Party-Buffet.
Wer mag, reicht dazu noch Kräuterquark oder Crème fraîche.

TIROLER SPECKBROT

MIT ALKOHOL

ZUBEREITUNGSZEIT:
20 Minuten, ohne Abkühlzeit

RUHE-/GEHZEIT:
etwa 1 Stunde und 15 Minuten

BACKZEIT:
etwa 45 Minuten

ZUTATEN FÜR 1 BROT

ZUM VORBEREITEN:
100 g Bacon (Frühstücksspeck)
1 EL Olivenöl

FÜR DEN HEFE-SAUERTEIG:
300 g Roggenmehl (Type 1150)
150 g Dinkelmehl (Type 630)
2 TL Salz
42 g frische Hefe
75 g flüssiger Sauerteig (im Frischebeutel)
150 ml Bier (zimmerwarm)
100 ml lauwarmes Wasser

INSGESAMT:
E: 75 g, F: 50 g, Kh: 350 g, kcal: 2250

1. Den Bacon klein würfeln, Olivenöl in einer Pfanne erhitzen. Baconwürfel im heißen Öl braten, bis er beginnt, knusprig zu werden. Bacon aus der Pfanne nehmen und abkühlen lassen.

2. Für den Teig beide Mehle und Salz in einer großen Rührschüssel mischen. Die Hefe darüber bröckeln. Den Sauerteig, Bier, Wasser und Speck dazugeben. Alle Zutaten mit einem Mixer (Knethaken) zunächst kurz auf niedrigster, dann auf höchster Stufe in etwa 5 Minuten zu einem glatten, geschmeidigen Teig verarbeiten. Falls der Teig zu feucht ist, noch etwas Mehl unterkneten.

3. Den Teig zu einer Kugel formen, leicht mit Mehl bestäuben und zugedeckt so lange bei Zimmertemperatur gehen lassen, bis er sich sichtbar vergrößert hat, etwa 45 Minuten.

4. Den gegangenen Teig auf der leicht bemehlten Arbeitsfläche kurz durchkneten und zu einem runden Laib formen. Auf ein Backblech (gefettet, mit Backpapier belegt) legen.

5. Den Teig leicht mit Mehl bestäuben und nochmals zugedeckt so lange bei Zimmertemperatur gehen lassen, bis er sich sichtbar vergrößert hat, etwa 30 Minuten.

6. Den Backofen vorheizen.
Ober-/Unterhitze: etwa 220 °C
Heißluft: 200 °C

7. Die Teigoberfläche mit einem Messer drei- bis viermal, etwa 1 cm tief einschneiden.

8. Das Blech in den vorgeheizten Backofen schieben und das Brot **etwa 45 Minuten backen.** Dabei ein mit Wasser gefülltes ofenfestes Gefäß auf einem Rost auf den Boden des Ofens stellen, damit sich Dampf entwickeln kann und das Brot feucht bleibt.

9. Das Brot aus dem Ofen nehmen und auf einem Kuchengitter vollständig auskühlen lassen.

TIPP:
Das Brot eignet sich auch für den Brotbackautomaten: Die Zutaten der Reihe nach einfüllen, Programm wählen. Das Gerät knetet den Teig und bäckt. Das fertige Brot herausnehmen und abkühlen lassen.

ROGGENBROT MIT KÜRBISKERNEN

VEGAN

ZUBEREITUNGSZEIT:
30 Minuten, ohne Abkühlzeit

RUHE-/GEHZEIT:
etwa 2 Stunden

BACKZEIT:
etwa 40 Minuten

ZUTATEN FÜR 1 BROT

FÜR DEN HEFETEIG:
250 g Roggen-Vollkornschrot
250 g Weizenmehl (Type 550)
1 Pck. Trockenbackhefe
1 gestr. TL Voll-Rohrzucker
1 gestr. TL Salz
375 ml warmes Wasser
150 g Kürbiskerne

INSGESAMT:
E: 92 g, F: 75 g, Kh: 367 g, kcal: 2530

1. Für den Teig Schrot und Mehl in eine Rührschüssel geben und mit der Trockenbackhefe vermischen. Zucker, Salz und Wasser hinzufügen. Alle Zutaten mit dem Mixer (Knethaken) kurz auf niedrigster Stufe verrühren, dann auf höchster Stufe in etwa 5 Minuten zu einem glatten Teig verarbeiten. Zuletzt die Kürbiskerne kurz unterkneten.

2. Den Teig leicht mit Mehl bestäuben und zugedeckt so lange an einem warmen Ort gehen lassen, bis er sich sichtbar vergrößert hat, etwa 1 Stunde.

3. Den gegangenen Teig auf der leicht bemehlten Arbeitsfläche gut durchkneten und zu einem länglichen Laib formen. Den Teiglaib auf ein Backblech (mit Backpapier belegt) legen. Zugedeckt nochmals so lange an einem warmen Ort gehen lassen, bis er sich sichtbar vergrößert hat, etwa 1 Stunde.

4. Den Backofen vorheizen.
Ober-/Unterhitze: etwa 200 °C
Heißluft: etwa 180 °C

5. Die Teigoberfläche mit etwas Wasser bestreichen und mit Mehl bestäuben. Das Backblech in den vorgeheizten Backofen schieben und das Brot **etwa 40 Minuten backen.** Dabei ein mit Wasser gefülltes ofenfestes Gefäß auf den Boden des Ofens stellen, damit sich Dampf entwickeln kann und das Brot feucht bleibt.

6. Das Brot aus dem Ofen nehmen und auf einem Kuchenrost erkalten lassen.

TIPP:
Eine besonders krosse Kruste entsteht, wenn das Brot kurz vor Ende der Backzeit mit etwas Wasser bestrichen und nochmals mit wenig Mehl bestäubt wird.

WEIZENBIERBROT MIT ZWIEBELN

VEGAN

ZUBEREITUNGSZEIT:
40 Minuten, ohne Abkühlzeit

RUHE-/GEHZEIT:
etwa 1 ½ Stunde

BACKZEIT:
etwa 45 Minuten

ZUTATEN FÜR 1 BROT

FÜR DEN HEFE-SAUERTEIG:
500 g Weizenmehl (Type 550)
300 g Roggenmehl (Type 1150)
75 g flüssiger Sauerteig (im Frischebeutel)
42 g frische Hefe
5 EL lauwarmes Wasser
300 ml helles Weizenbier
2 TL Fenchelsamen
200 ml lauwarmes Wasser
1 EL Salz
125 g Röstzwiebeln (Fertigprodukt)

INSGESAMT:
E: 106 g, F: 13 g, Kh: 647 g, kcal: 3440

1. Für den Teig Weizen- und Roggenmehl in einer großen Rührschüssel mischen, den Sauerteig hinzugeben. In die Mitte eine Vertiefung eindrücken, die Hefe hineinbröckeln und mit Wasser verrühren. Den Vorteig zugedeckt an einem warmen Ort etwa 30 Minuten stehen lassen.

2. Das Bier lauwarm erhitzen. Fenchelsamen im Mörser zerdrücken. Bier, Wasser, Salz, Fenchelsamen und Röstzwiebeln zum Vorteig geben. Alle Zutaten mit einem Mixer (Knethaken) zunächst kurz auf niedrigster, dann auf höchster Stufe in etwa 5 Minuten zu einem glatten, elastischen Teig verarbeiten.

3. Den Teig zu einer Kugel formen und in eine runde Brotback- oder Springform (Ø 26 cm, gefettet) legen. Den Teig mit Mehl bestäuben und zugedeckt so lange an einem warmen Ort gehen lassen, bis er sich sichtbar vergrößert hat, etwa 1 Stunde.

4. Den Backofen vorheizen.
Ober-/Unterhitze: etwa 220 °C
Heißluft: etwa 200 °C

5. Die Form auf dem Rost in den vorgeheizten Backofen (unteres Drittel) schieben und das Brot **etwa 45 Minuten backen.** Dabei ein mit Wasser gefülltes ofenfestes Gefäß auf den Ofenboden stellen, damit sich Dampf entwickeln kann und das Brot feucht bleibt.

6. Das Brot aus dem Backofen nehmen und auf einem Kuchenrost etwa 10 Minuten abkühlen lassen. Dann aus der Form nehmen und vollständig abkühlen lassen.

TIPP:
Anstelle der Röstzwiebeln können Sie auch 100 g Leinsamen, Sesam oder Sonnenblumenkerne mit in den Teig geben. Ihrer Fantasie sind hier keine Grenzen gesetzt.

BESONDERE BROTE: GLUTENFREI ODER MIT BACKPULVER

BUCHWEIZEN-LEINSAMEN-QUARKBROT

GLUTENFREI

ZUBEREITUNGSZEIT:
20 Minuten, ohne Abkühlzeit

BACKZEIT:
etwa 50 Minuten

FÜR DEN TEIG:
100 g gem. Mandeln
100 g Mandelmehl (teilentölt)
10 g (1 geh. EL) Flohsamenschalen
3 gestr. TL Backpulver
1 gestr. TL Salz
evtl. ½ TL Brotgewürz
40 g Leinsamen (Gold-Leinsamen oder klassische schwarze Leinsamen)
65 g Kürbiskerne
70 g Sonnenblumenkerne
40 g Sesamsamen
65 g geröstete Buchweizenkörner
4 Eier (Größe M)
250 g Magerquark

ZUSÄTZLICH:
evtl. Gold-Leinsamen, geröstete Buchweizenkörner oder Sesam für die Form

INSGESAMT:
E: 176 g, F: 154 g, Kh: 88 g, kcal: 2574

1. Den Backofen vorheizen.
Ober-/Unterhitze: etwa 200 °C
Heißluft: etwa 180 °C

2. Eine Kastenform (25 x 11 cm) fetten und nach Belieben mit Gold-Leinsamen, gerösteten Buchweizenkörnern oder Sesam ausstreuen.

3. Für den Teig Mandeln, Mandelmehl, Flohsamenschalen und gesiebtes Backpulver in einer Rührschüssel gründlich vermischen. Salz, evtl. Brotgewürz, Leinsamen, Kürbis-, Sonnenblumenkerne, Sesam und Buchweizenkörner untermischen. Eier und Quark verschlagen, in die Rührschüssel geben und alles mit einem stabilen Holzlöffel gründlich zu einem weichen Teig verrühren.

4. Den Teig in die vorbereitete Form füllen und glatt streichen. Die Form auf dem Rost in den vorgeheizten Backofen schieben.

5. Gleichzeitig die Backofentemperatur herunterschalten.
Ober-/Unterhitze: etwa 180 °C
Heißluft: etwa 160 °C

6. Das Brot in **etwa 50 Minuten braun backen.**

7. Die Form auf einen Kuchenrost stellen. Das Brot etwa 10 Minuten abkühlen lassen. Dann vorsichtig aus der Form auf den Kuchenrost stürzen, wieder umdrehen und erkalten lassen.

DINKEL-ROGGEN-BROT MIT WALNÜSSEN

ZUBEREITUNGSZEIT:
15 Minuten, ohne Abkühlzeit

BACKZEIT:
etwa 30 Minuten

ZUTATEN FÜR 1 BROT

FÜR DEN TEIG:
250 g Dinkel-Vollkornmehl
100 g Roggen-Vollkornmehl
2 gestr. TL Backpulver
1 gestr. TL Natron
1 gestr. TL Salz
50 g Walnusskernhälften
250 ml Buttermilch
3 EL Rapsöl

ZUM BESTREICHEN UND BESTREUEN:
etwas Wasser
etwas Weizenmehl

INSGESAMT:
E: 60 g, F: 78 g, Kh: 248 g, kcal: 1944

1. Den Backofen vorheizen.
Ober-/Unterhitze: etwa 180 °C
Heißluft: etwa 160 °C

2. Für den Teig beide Mehlsorten mit Backpulver, Natron und Salz in einer Rührschüssel vermischen.

3. Walnüsse in grobe Stücke hacken und dazugeben. Buttermilch und Rapsöl hinzufügen. Die Zutaten mit einem Mixer (Knethaken) zu einem glatten Teig verkneten.

4. Den Teig auf der leicht bemehlten Arbeitsfläche kurz mit den Händen verkneten und zu einer etwa 30 cm langen Rolle formen. Die Teigrolle so in sich drehen, dass sie etwas unregelmäßig wird.

5. Die Teigrolle auf ein Backblech (mit Backpapier belegt) legen, mit etwas Wasser bestreichen und mit etwas Mehl bestreuen.

6. Das Backblech in den vorgeheizten Backofen schieben. Das Brot **etwa 30 Minuten backen.**

7. Das Brot auf einen Kuchenrost legen und erkalten lassen.

TIPPS:
Um einen noch intensiveren Geschmack zu erhalten, können Sie auch die Walnusskerne zuvor in einer Pfanne ohne Fett unter Wenden anrösten.
Zu diesem rustikalen Brot harmoniert sehr gut kräftig gewürzte Landleberwurst. Zu pikantem Käse passt es ebenfalls ausgezeichnet.
Möchten Sie lieber einen süßen Belag, probieren Sie Kürbis- oder Preiselbeerkonfitüre.

REZEPTVARIANTE:
Für ein **Dinkel-Roggen-Brot mit Kürbiskernen** den Brotteig wie unter Punkt 1–2 beschrieben verarbeiten. Anstelle der Walnüsse nun 50 g geschälte Kürbiskerne hacken und hinzufügen. Das Brot wie im Rezept beschrieben weiter zubereiten.

HAFERFLOCKEN-KASTENBROT

ZUBEREITUNGSZEIT:
10 Minuten, ohne Abkühlzeit

BACKZEIT:
etwa 40 Minuten

ZUTATEN FÜR 1 BROT

FÜR DEN TEIG:
150 g Dinkelmehl (Type 630)
225 g Weizenmehl (Type 550)
1 Pck. Backpulver
2 gestr. TL Salz
75 g Roggen- oder Weizenschrot
150 g kernige Haferflocken
500 g Buttermilch
1 EL flüssiger Honig

ZUM AUSSTREUEN:
Butter
Kernige Haferflocken

INSGESAMT:
E: 100 g, F: 20 g, Kh: 420 g,
kcal: 2320

1. Den Backofen vorheizen.
Ober-/Unterhitze: etwa 200 °C
Heißluft: etwa 180 °C

2. Für den Teig beide Mehlsorten mit Backpulver mischen und in eine große Rührschüssel sieben. Salz, Schrot und Haferflocken untermischen. Buttermilch mit Honig so lange verrühren, bis der Honig gelöst ist, dann zur Mehlmischung geben und alle Zutaten kurz glatt verrühren.

3. Den Teig in eine Kastenform (30 x 11 cm, mit Butter gut gefettet, mit Haferflocken ausgestreut) geben und glatt streichen. Die Form auf dem Rost in den vorgeheizten Backofen schieben. Das Brot in **etwa 40 Minuten goldbraun backen.** Das Brot nach etwa 20 Minuten Backzeit dünn mit Wasser bestreichen.

4. Die Form auf einen Kuchenrost stellen. Das Brot etwa 15 Minuten abkühlen lassen. Dann vorsichtig aus der Form auf einen mit Backpapier belegten Kuchenrost stürzen, wieder umdrehen und erkalten lassen.

TIPP:
Am folgenden Tag können Sie das Brot gut in Scheiben schneiden und es kurz im Toaster rösten. Alternativ schmeckt dieses rasch angerührte Brot auch mit Dinkel-Vollkornflocken.
Für den kleinen Haushalt lässt sich das Rezept ganz einfach halbieren und in einer kleineren Kastenform (21 x 11 cm) backen. Die Backzeit reduziert sich dann um etwa 10 Minuten.
Oder den gesamten Teig backen, das ausgekühlte Brot sofort halbieren und eine Hälfte zunächst in Frischhaltefolie, dann zusätzlich in einem Gefrierbeutel verpackt einfrieren. So lässt es sich etwa 3 Wochen ohne Geschmacksverlust lagern.

GLUTENFREIES BROT

GLUTENFREI

ZUBEREITUNGSZEIT:
40 Minuten

RUHE-/GEHZEIT:
etwa 4 Stunden und 15 Minuten

BACKZEIT:
50–60 Minuten

ZUTATEN FÜR 1 BROT

FÜR DEN HEFETEIG:
400 ml lauwarmes Wasser
21 g frische Hefe
1 TL flüssiger Honig
100 g Reis-Vollkornmehl
150 g Buchweizenmehl
100 g Sojamehl
2 gestr. TL Salz
25 g ganzer Leinsamen
50 g ungeschälter Sesamsamen
80 g Sonnenblumenkerne

ZUSÄTZLICH:
1 neuer Tonblumentopf (Ø 12 cm, Höhe 13 cm)
1 EL Butter (zimmerwarm)
etwas Backpapier (ausgeschnitten in der Größe des Topfbodens)

INSGESAMT:
E: 99 g, F: 95 g, Kh: 278 g, kcal: 2372

1. Für den Teig Wasser in eine Rührschüssel geben. Hefe und Honig unter Rühren darin auflösen. Alle Mehlsorten und das Salz hinzugeben. Die Zutaten mit einem Mixer (Knethaken) zunächst kurz auf niedrigster, dann auf höchster Stufe in etwa 5 Minuten zu einem glatten Teig verarbeiten. Den Teig zugedeckt so lange an einem warmen Ort gehen lassen, bis er sich sichtbar vergrößert hat, etwa 2 Stunden.

---

2. Samen und Kerne in einer kleinen Schüssel vermischen. Den Teig auf eine leicht bemehlte Arbeitsfläche legen und mit den Händen etwa 1 Minute verkneten, dabei zwei Drittel der Körnermischung unterarbeiten.

---

3. Den Tontopf mit Butter ausstreichen. Den Boden mit dem ausgeschnittenen Backpapier belegen. Etwas von der Körnermischung an die Innenseite des Topfes streuen. Die übrigen Körner auf die Arbeitsfläche streuen und die Teigkugel darin wälzen. Die Teigkugel in den Tontopf geben und zugedeckt etwa 15 Minuten gehen lassen.

---

4. In der Zwischenzeit den Backofen vorheizen.
Ober-/Unterhitze: etwa 50 °C

---

5. Anschließend den Backofen ausschalten. Den Tontopf auf einen Rost in den Backofen stellen und den Teig so lange gehen lassen, bis er sich sichtbar vergrößert hat, etwa 2 Stunden.

---

6. Ein ofenfestes, flaches Gefäß mit heißem Wasser füllen und auf einen Metall-Kuchenrost auf den Boden des Backofens stellen.

---

7. Den Backofen wieder einschalten.
Ober-/Unterhitze: etwa 200 °C
Heißluft: nicht empfehlenswert

---

8. Das Brot **50–60 Minuten backen.**

---

9. Den Tontopf auf einen Kuchenrost stellen und das Brot etwas abkühlen lassen. Dann das Brot kurz aus der Form lösen, wieder in die Form zurückgeben und darin vollständig erkalten lassen.

TIPP:
Spülen Sie die Blumentöpfe vor der Verwendung sehr gründlich. Besonders gut löst sich das Gebäck, wenn Sie den Tontopf vollständig mit Backpapier auslegen. Sie können das Brot auch in einer Kastenform (etwa 20 x 11 cm, mit Backpapier ausgelegt) backen.

GLUTENFREIES MÖHREN-BROT

VEGAN
GLUTENFREI

ZUBEREITUNGSZEIT:
15 Minuten, ohne Abkühlzeit

RUHE-/GEHZEIT:
etwa 60 Minuten

BACKZEIT:
50–60 Minuten

ZUTATEN FÜR 1 BROT

FÜR DEN HEFETEIG:
150 g Möhren
180 g Kichererbsenmehl
70 g Sojamehl (nach Belieben leicht geröstet)
1 EL (8 g) Flohsamenschalen (z. B. aus dem Drogerie- oder Naturkostmarkt, Reformhaus)
5 g Trockenbackhefe
1 TL Brotgewürz-Mix
2 gestr. TL Salz
75 g Sonnenblumenkerne
75 g Kürbiskerne
75 g geschrotete Leinsamen
450 ml warmes Wasser

INSGESAMT:
E: 110 g, F: 110 g, Kh: 132 g, kcal: 1980

1. Die Möhren putzen, schälen, abspülen, abtropfen lassen und fein raspeln.

2. Für den Hefeteig beide Mehlsorten in eine Rührschüssel sieben. Flohsamenschalen, Hefe, Brotgewürz und Salz gründlich untermischen. Sonnenblumen-, Kürbiskerne und Leinsamen hinzugeben und untermischen.

3. Möhrenraspel und 450 ml warmes Wasser zur Mehl-Kerne-Mischung geben und alles gründlich verrühren und zu einem glatten Teig vermischen. Den Teig in eine Kastenform (25 x 11 cm, gefettet, mit Mehl ausgestreut) füllen und zugedeckt an einem warmen Ort mindestens 1 Stunde gehen lassen.

4. In der Zwischenzeit den Backofen vorheizen.
Ober-/Unterhitze: etwa 180 °C
Heißluft: etwa 160 °C

5. Die Form auf dem Rost in den vorgeheizten Backofen schieben. Das Brot in **50–60 Minuten goldbraun backen.** Evtl. in den letzten Minuten der Backzeit das Brot mit Backpapier oder Alufolie belegen, damit die Oberfläche nicht zu stark bräunt.

6. Die Form auf einen Kuchenrost stellen. Das Brot etwa 15 Minuten abkühlen lassen, dann vorsichtig aus der Form auf einen Kuchenrost (mit Backpapier belegt) stürzen und wieder umdrehen. Das Brot erkalten lassen.

TIPP:
Das Brot schmeckt frisch gebacken, gerade abgekühlt besonders gut. An den folgenden Tagen das Brot in Scheiben schneiden und im Toaster kurz aufrösten.

GLUTENFREIES NUSS-SAATEN-BROT

GLUTENFREI

ZUBEREITUNGSZEIT:
20 Minuten, ohne Abkühlzeit

RUHEZEIT:
etwa 2 Stunden

BACKZEIT:
etwa 1 Stunde

ZUTATEN FÜR 1 BROT

ZUM VORBEREITEN:
60 g Haselnusskerne
60 g Mandelkerne

FÜR DEN TEIG:
200 g zarte Haferflocken (glutenfrei)
100 g Sonnenblumenkerne
60 g Leinsamen
20 g Chia-Samen
3 EL Flohsamenschalen
2 gestr. TL Salz
400 ml kaltes Wasser
3 EL Rapsöl
2 TL Ahornsirup

INSGESAMT:
E: 132 g, F: 168 g, Kh: 180 g, kcal: 2640

1. Die Haselnusskerne und Mandeln grob hacken und in einer Pfanne ohne Fett goldgelb rösten. Haselnusskerne und Mandeln auf einen Teller geben und abkühlen lassen.

2. Für den Teig die Haferflocken, Haselnusskerne, Mandeln, Sonnenblumenkerne, Leinsamen, Chia-Samen, Flohsamenschalen und Salz in einer großen Rührschüssel mischen.

3. Wasser, Öl und Ahornsirup dazugeben. Alle Zutaten mit einem Mixer (Rührbesen) auf mittlerer Stufe gründlich verrühren, etwa 2 Minuten.

4. Die Flockenmischung in eine Kastenform (25 x 11 cm, gefettet, mit Backpapier ausgelegt) füllen und glattstreichen.

5. Den Teig zugedeckt an einem warmen Ort ruhen lassen, etwa 2 Stunden.

6. Den Backofen vorheizen.
Ober-/Unterhitze: etwa 180 °C
Heißluft: etwa 160 °C

7. Die Form in den vorgeheizten Backofen schieben und das Brot **etwa 30 Minuten backen.**

8. Die Form aus dem Ofen nehmen, das Brot vorsichtig aus der Form stürzen und auf dem Rost im Ofen bei gleicher Temperatur **nochmals etwa 30 Minuten backen.**

9. Das Brot aus dem Ofen nehmen und auf einem Kuchengitter vollständig auskühlen lassen. Vor dem Anschneiden 5 bis 6 Stunden ruhen lassen.

TIPP:
Kühl und trocken gelagert bleibt das Brot etwa eine Woche saftig und frisch. Alternativ kann man es auch portionsweise einfrieren – im Tiefkühler hält es sich etwa ein halbes Jahr.

KNÄCKEBROT

ZUBEREITUNGSZEIT:
45 Minuten

RUHE-/KÜHLZEIT:
etwa 20 Minuten

BACKZEIT:
etwa 15–20 Minuten je Backblech

ZUTATEN FÜR 16–18 STÜCK

FÜR DEN TEIG:
350 g Weizenmehl (Type 1050)
100 g Weizen-Vollkornmehl
3 gestr. TL Meersalz
40 g kalte Butter
250 ml kochendes Wasser

NACH BELIEBEN ZUM BESTREUEN:
1 EL Sonnenblumenkerne
1 EL Sesamsamen
1 EL Mohnsamen
1 EL Leinsamen
1 EL Kümmelsamen
oder: etwa 50 g Kerne-Mix

PRO STÜCK:
E: 4 g, F: 4 g, Kh: 18 g, kcal: 132

1. Für den Teig beide Mehlsorten und das Salz in einer Rührschüssel mischen. Butter in Flöckchen hinzugeben.

2. Nach und nach das Wasser hinzugießen und die Zutaten mit einem Mixer (Knethaken) zunächst kurz auf niedrigster, dann auf höchster Stufe zu einem festen Teig verkneten. Den Teig abkühlen lassen. Anschließend zugedeckt etwa 20 Minuten in den Kühlschrank stellen.

3. In der Zwischenzeit den Backofen vorheizen.
Ober-/Unterhitze: etwa 160 °C
Heißluft: etwa 140 °C

4. Den Teig auf der leicht bemehlten Arbeitsfläche nochmals kurz verkneten und in 16–18 Portionen teilen. Die Teigportionen jeweils dünn ausrollen und auf 2 Backbleche (mit Backpapier belegt) legen.

5. Teigscheiben mit Wasser bestreichen. Nach Belieben mit Kernen und/oder Samen oder mit Kerne-Mix bestreuen.

6. Die Backbleche nacheinander (bei Heißluft zusammen) in den vorgeheizten Backofen schieben. Knäckebrotscheiben **15–20 Minuten je Backblech backen.**

7. Das Knäckebrot vom Backpapier nehmen und auf einem Kuchenrost erkalten lassen.

TIPPS:
Das hausgemachte Knäckebrot soll nur trocknen und muss nicht braun werden.
Es lässt sich sehr gut in dicht schließenden Dosen aufbewahren und bleibt, luftdicht verschlossen, lange Zeit lecker. So kann man das Knäckebrot sehr gut auf Vorrat backen.
Zum Bestreuen können Sie die Saatenmischung nach Ihrem eigenen Geschmack abwandeln.
Möchten Sie das Knäckebrot mit süßen Belägen genießen, verzichten Sie auf die Kümmelsamen zum Bestreuen.
Wenn Sie Kürbiskerne auf das Knäckebrot streuen, drücken Sie sie vor dem Backen fest, damit sie sich nicht lösen. Hübsch ist es auch, die Fladen mit jeweils nur einer Kern- oder Samensorte zu bestreuen. So hat dann jeder „sein" Lieblingsknäcke zur Verfügung.
Wollen Sie die Samen weglassen, drücken Sie mit einer Gabel vor dem Backen ein Muster in die Teigfladen.

QUARK-BROT MIT SONNENBLUMENKERNEN

ZUBEREITUNGSZEIT:
25 Minuten, ohne Abkühlzeit

BACKZEIT:
30–35 Minuten

ZUTATEN FÜR 1 BROT

FÜR DEN QUARK-ÖL-TEIG:
100 g Sonnenblumenkerne
400 g Weizenmehl (Type 550)
1 Pck. Backpulver
1 gestr. TL Salz
250 g Magerquark
100 ml Milch (3,5 % Fett)
100 ml Olivenöl

ZUM BESTREICHEN UND BESTREUEN:
1 Eigelb (Größe M)
1 EL Milch (3,5 % Fett)
1 Prise Salz
2 EL Sonnenblumenkerne

INSGESAMT:
E: 113 g, F: 183 g, Kh: 328 g, kcal: 3470

1. Die Sonnenblumenkerne in einer Pfanne ohne Fett unter Wenden goldbraun rösten, auf einen Teller geben und erkalten lassen.

2. Den Backofen vorheizen.
Ober-/Unterhitze: etwa 200 °C
Heißluft: etwa 180 °C

3. Für den Teig Mehl mit Backpulver in einer Rührschüssel mischen. Salz, Quark, Milch, Olivenöl und Sonnenblumenkerne hinzufügen. Die Zutaten mit einem Mixer (Knethaken) zunächst kurz auf niedrigster, dann auf höchster Stufe in 1–2 Minuten zu einem Teig verarbeiten (nicht zu lange, der Teig klebt sonst).

4. Den Teig auf der leicht bemehlten Arbeitsfläche zu einer 70–80 cm langen Rolle formen. Die Teigrolle zu einer Schnecke aufrollen und in eine Springform (Ø 26 cm, gefettet, mit Backpapier belegt) legen. Die Teigschnecke etwas auseinanderziehen, damit sich der Teig beim Backen ausdehnen kann.

5. Das Eigelb mit Milch und Salz verquirlen und die Teigschnecke damit bestreichen. Die Sonnenblumenkerne darauf streuen und leicht andrücken.

6. Die Form auf dem Rost in den vorgeheizten Backofen schieben. Das Brot **30–35 Minuten backen.**

7. Die Form aus dem Ofen nehmen und auf einen Kuchenrost stellen. Das Brot in der Form etwa 5 Minuten abkühlen lassen. Dann das Brot vorsichtig aus der Form lösen und auf dem Kuchenrost erkalten lassen.

BRÖTCHEN UND KLEINGEBÄCK

BAGELS

ZUBEREITUNGSZEIT:
40 Minuten, ohne Abkühlzeit

RUHE-/GEHZEIT:
etwa 30 Minuten

BACKZEIT:
15–20 Minuten je Backblech

ZUTATEN FÜR 12 STÜCK

FÜR DEN HEFETEIG:
450 g Weizenmehl
50 g Speisestärke
1 Pck. Trockenbackhefe
1 gestr. TL Salz
3 gestr. TL brauner Zucker
275 ml lauwarmes Wasser
1 Eiweiß (Größe M)

ZUM BESTREICHEN UND BESTREUEN:
1 Eigelb (Größe M)
1 EL Milch (mind. 3,5 % Fett)
je 1 EL Sesamsamen, Mohnsamen und grobes Salz

PRO STÜCK:
E: 6 g, F: 4 g, Kh: 32 g, kcal: 190

1. Für den Teig das Mehl in eine Rührschüssel geben und mit Stärke und Trockenbackhefe sorgfältig vermischen. Salz, Zucker, Wasser und Eiweiß hinzufügen. Die Zutaten mit einem Mixer (Knethaken) zuerst kurz auf niedrigster, dann auf höchster Stufe in etwa 5 Minuten zu einem glatten Teig verarbeiten. Den Teig zugedeckt so lange an einem warmen Ort gehen lassen, bis er sich sichtbar vergrößert hat, etwa 30 Minuten.

2. Den Teig leicht mit Mehl bestäuben und auf der leicht bemehlten Arbeitsfläche nochmals kurz verkneten. Aus dem Teig eine Rolle formen, in 12 gleich große Portionen teilen und zu Kugeln formen.

3. Die Teigkugeln auf der Arbeitsfläche mit Frischhaltefolie zudecken. Einen weiten Kochtopf zu zwei Dritteln mit Wasser füllen. Das Wasser zum Kochen bringen.

4. Jede Teigkugel mit dem bemehlten Zeigefinger in der Mitte bis auf die Arbeitsfläche eindrücken. Den Zeigefinger kreisförmig in dem Teigring bewegen, um das Loch zu vergrößern (Ø 2–3 cm). Immer nur 1 Teigkugel bearbeiten, die restlichen unter der Folie lassen.

5. Den Backofen vorheizen.
Ober-/Unterhitze: etwa 200 °C
Heißluft: etwa 180 °C

6. Zwei oder drei Teigringe in das schwach kochende Wasser geben und etwa 1 Minute im offenen Topf darin ziehen lassen, bis sich die Ringe aufzublähen beginnen (nur so viele Teigringe in das Wasser geben, dass sie darin „schwimmen“ können).

7. Die Teigringe mit einem Schaumlöffel herausnehmen, abtropfen lassen und jeweils 6 Ringe auf ein Backblech (mit Backpapier belegt) legen.

8. Das Eigelb mit Milch verschlagen und die Teigringe damit bestreichen. Teigringe nach Belieben mit Sesam oder Mohn bestreuen und leicht andrücken.

9. Die Backbleche nacheinander (bei Heißluft zusammen) in den vorgeheizten Backofen schieben. Die Bagels **15–20 Minuten je Backblech backen.**

10. Die Bagels mit dem Backpapier auf Kuchenroste ziehen und erkalten lassen.

TIPP:
Die Bagels mit Mohn- und Sesamsamen lassen sich gut einfrieren. Die Bagels dann in der Verpackung auftauen lassen und kurz bei angegebener Backofeneinstellung aufbacken.

BAGUETTEBRÖTCHEN

OHNE KNETEN

ZUBEREITUNGSZEIT:
25 Minuten

RUHE-/GEHZEIT:
etwa 15 Stunden

BACKZEIT:
etwa 25 Minuten

ZUTATEN FÜR 7–8 STÜCK

FÜR DEN HEFETEIG:
125 ml Milch (3,5 % Fett)
200 ml Wasser
10 g frische Hefe
500 g Weizenmehl (Type 550)
1 EL Weißweinessig
1 geh. TL Salz
1 EL Sonnenblumenöl

PRO STÜCK:
E: 8 g, F: 3 g, Kh: 52 g, kcal: 277

1. Für den Teig Milch und Wasser in eine Rührschüssel gießen. Hefe hineinbröckeln und unter Rühren darin auflösen. Mehl, Essig, Salz und Öl hinzugeben. Die Zutaten mit einem Kochlöffel zu einem glatten, weichen Teig verrühren.

2. Die Rührschüssel mit Frischhaltefolie zudecken und an einem kühlen Ort (nicht im Kühlschrank) gehen lassen, etwa 15 Stunden (am besten über Nacht).

3. Am nächsten Tag den Backofen vorheizen.
Ober-/Unterhitze: etwa 240 °C
Heißluft: etwa 220 °C

4. Den Teig auf die bemehlte Arbeitsfläche geben und mithilfe einer Teigkarte zügig mehrmals von außen nach innen falten. Den sehr weichen Teig in 7–8 längliche Portionen teilen, auf ein Backblech (mit Backpapier belegt) geben und in sich etwas drehen. Den Teig mit Wasser bestreichen.

5. Das Backblech in den vorgeheizten Backofen schieben. Die Brötchen **20–25 Minuten backen.**

6. Die Baguettebrötchen mit dem Backpapier auf einen Kuchenrost ziehen und erkalten lassen.

TIPP:
Achten Sie beim Anrühren des Teiges auf die Tageszeit. Der Teig hat eine lange Gehzeit.

REZEPTVARIANTE:
Für **Baguettebrötchen mit Schinken und Camembert**
1 Tomate abspülen, abtrocknen, halbieren und den Stängelansatz herausschneiden. 75 g Salatgurke abspülen, abtrocknen und das Ende abschneiden. Tomate und Gurke in dünne Scheiben schneiden. 50 g Kochschinken in Streifen und 100 g Camembert in Scheiben schneiden. Einige Salatblätter und einige Kräuterblättchen (z. B. Basilikum, Petersilie) abspülen und trocken tupfen. 2 Baguettebrötchen waagerecht halbieren und mit 20 g Butter bestreichen. Die unteren Brötchenhälften nacheinander mit Salatblättern, Tomaten-, Gurken-, Camembertscheiben, Schinkenstreifen und Kräuterblättchen belegen, mit den oberen Brötchenhälften belegen. Die Gurken- und Tomatenscheiben noch mit etwas gemahlenem Pfeffer bestreuen.

BURGER-BUNS

OHNE KNETEN

ZUBEREITUNGSZEIT:
15 Minuten, ohne Abkühlzeit

RUHE-/GEHZEIT:
8–16 Stunden oder über Nacht

BACKZEIT:
etwa 20 Minuten

ZUTATEN FÜR 8 STÜCK

FÜR DEN HEFETEIG:
350 ml Trinkmolke, natur pur
1 TL flüssiger Honig
21 g frische Hefe
100 g Roggenmehl (Type 1150)
400 g Weizenmehl (Type 550)
2 gestr. TL Salz
2–3 EL helle Sesamsamen
evtl. 1 EL dunkle Sesamsamen
oder Schwarzkümmelsamen

PRO STÜCK:
E: 8 g, F: 2 g, Kh: 47 g, kcal: 248

1. Für den Hefeteig Molke leicht erwärmen. Honig, zerbröselte Hefe und Roggenmehl unterrühren und zugedeckt etwa 5 Minuten gehen lassen.

2. Weizenmehl und Salz in einer großen Rührschüssel mischen. Die Hefe-Molke-Mischung hinzugießen und alles mit einem stabilen Holzlöffel so lange gründlich verrühren, bis ein fester Teigkloß entstanden ist und keine Mehlklümpchen mehr vorhanden sind. Dazu den Kloß gegebenenfalls in der Schüssel zusätzlich mit einer Teigkarte durcharbeiten, bis das ganze Mehl eingearbeitet ist.

3. Die Schüssel mit passendem Deckel oder Frischhaltefolie locker bedecken. Den Teig im Kühlschrank mindestens 8 bis zu 16 Stunden (etwa über Nacht) gehen und reifen lassen.

4. Den Teig etwa 1 Stunde vor dem Backen aus dem Kühlschrank nehmen und bei Zimmertemperatur lagern.

5. Den Backofen vorheizen. Gleichzeitig ein Backblech in den Backofen schieben und mit erhitzen.
Ober-/Unterhitze: etwa 250 °C
Heißluft: etwa 230 °C

6. Einen Bogen Backpapier in Backblechgröße zuschneiden. Eine Arbeitsfläche dick mit Weizenmehl bestäuben. Den Teig aus der Schüssel kopfüber mithilfe einer Teigkarte direkt (ohne Kneten!) auf die bemehlte Arbeitsfläche gleiten lassen. Mit der bemehlten Teigkarte nach und nach 8 jeweils etwa 110 g schwere Stücke abstechen. Die Teigstücke mit bemehlten Händen vorsichtig rund formen (nicht kneten) und mit etwas Abstand zueinander auf das Backpapier setzen. Die Brötchen dünn mit Wasser bestreichen und mit Sesam oder nach Belieben mit Schwarzkümmel bestreuen.

7. Das Backblech aus dem Backofen nehmen. Burger-Buns mithilfe des Backpapiers mit Schwung auf das Backblech ziehen und sofort in den vorgeheizten Backofen (mittlere Einschubleiste) schieben. Die Brötchen **etwa 20 Minuten backen.**

8. Die Brötchen mit dem Backpapier vom Backblech auf einen Kuchenrost ziehen und erkalten lassen.

BUTTERHÖRNCHEN

ZUBEREITUNGSZEIT:
45 Minuten

RUHE-/GEHZEIT:
etwa 35 Minuten

BACKZEIT:
20–25 Minuten

ZUTATEN FÜR 10–12 STÜCK

FÜR DEN HEFETEIG:
375 g Weizenmehl (Type 550)
1 Pck. Trockenbackhefe
175 ml lauwarmes Wasser
70 g Butter oder Margarine (zimmerwarm)
½ TL Salz
1 EL flüssiger Honig

ZUM BESTREICHEN:
50 g Butter oder Margarine
1 Eigelb (Größe M)
1 EL Wasser oder Milch (mind. 3,5 % Fett)

INSGESAMT:
E: 4 g, F: 10 g, Kh: 27 g, kcal: 217

1. Für den Teig Mehl in eine Rührschüssel geben und mit Trockenbackhefe sorgfältig vermischen. Wasser, Butter oder Margarine, Salz und Honig hinzufügen. Die Zutaten mit einem Mixer (Knethaken) zunächst kurz auf niedrigster, dann auf höchster Stufe in etwa 5 Minuten zu einem glatten Teig verarbeiten. Den Teig zugedeckt so lange an einem warmen Ort gehen lassen, bis er sich sichtbar vergrößert hat, etwa 20 Minuten.

2. Zum Bestreichen Butter oder Margarine zerlassen.

3. Den Teig auf der leicht bemehlten Arbeitsfläche nochmals kurz verkneten. Anschließend zu einer runden Platte (Ø etwa 40 cm) ausrollen. Die Teigplatte mit Butter oder Margarine bestreichen, dann mit einem scharfen Messer in 10–12 gleich große „Tortenstücke“ schneiden.

4. Teigdreiecke von der breiten Seite aus zur Spitze hin locker aufrollen, zu Hörnchen formen und auf ein Backblech (mit Backpapier belegt) legen. Dabei darauf achten, dass die Teigspitze unter dem Hörnchen liegt (springt sonst auf). Die Hörnchen zugedeckt nochmals so lange an einem warmen Ort gehen lassen, bis sie sich sichtbar vergrößert haben, etwa 15 Minuten.

5. In der Zwischenzeit den Backofen vorheizen.
Ober-/Unterhitze: etwa 200 °C
Heißluft: etwa 180 °C

6. Eigelb mit Wasser oder Milch verquirlen, die Hörnchen damit bestreichen. Das Backblech in den vorgeheizten Backofen schieben. Die Hörnchen **20–25 Minuten backen.**

7. Die Hörnchen mit dem Backpapier auf einen Kuchenrost ziehen und erkalten lassen.

CROISSANTS

ZUBEREITUNGSZEIT:
50 Minuten, ohne Abkühlzeit

RUHE-/GEHZEIT:
etwa 1¾–2 Stunden

BACKZEIT:
15–20 Minuten je Backblech

ZUTATEN FÜR 12 STÜCK

FÜR DEN HEFETEIG:
500 g Weizenmehl
42 g frische Hefe
250 ml lauwarme Milch
(3,5 % Fett)
1 EL Zucker
knapp ½ TL Salz
2 Eier (Größe M)
25 g Butter

ZUM BELEGEN:
250 g kalte Butter, in Scheiben

ZUM BESTREICHEN:
2–3 EL gezuckerte Kondensmilch
2 EL Milch
oder:
2 EL Kondensmilch
1 EL Milch
1 TL Zucker

PRO STÜCK:
E: 7 g, F: 21 g, Kh: 35 g, kcal: 369

1. Für den Teig Mehl in eine Rührschüssel geben und in die Mitte eine Vertiefung eindrücken. Hefe hineinbröckeln, mit etwas Milch und Zucker verrühren und etwa 15 Minuten stehen lassen.

2. Anschließend restliche Milch und restliche Zutaten hinzufügen und mit einem Mixer (Knethaken) zunächst kurz auf niedrigster, dann auf höchster Stufe in etwa 5 Minuten zu einem glatten Teig verarbeiten. Teig zugedeckt so lange an einem warmen Ort gehen lassen, bis er sich sichtbar vergrößert hat, etwa 30 Minuten.

3. Den gegangenen Teig mit Mehl bestäuben und auf der leicht bemehlten Arbeitsfläche zu einem Rechteck (etwa 20 x 35 cm) ausrollen.

4. Eine Hälfte des Teiges mit den Butterscheiben belegen. Die nicht belegte Teighälfte darüberklappen und leicht mit einer Teigrolle andrücken.

5. Den Teig zu einem Rechteck (etwa 30 x 40 cm) ausrollen. Von der schmalen Seite aus 2-mal übereinanderschlagen, sodass 3 Schichten entstehen. Den Teig in Frischhaltefolie wickeln und etwa 15 Minuten im Kühlschrank ruhen lassen.

6. Diesen Vorgang noch 2–3-mal wiederholen. Den Teig dazu jeweils zur langen, offenen Seite hin ausrollen und anschließend wieder in Frischhaltefolie eingewickelt etwa 15 Minuten im Kühlschrank ruhen lassen.

7. Dann den Teig zu einem Rechteck (etwa 50 x 40 cm) ausrollen. Das Teigrechteck der Länge nach halbieren, sodass 2 Teigstreifen (jeweils etwa 50 x 20 cm) entstehen. Jeden Teigstreifen mithilfe eines Lineals und Messers in 6 Dreiecke schneiden.

8. Die Teigdreiecke von der kurzen Seite aus locker aufrollen. Die Seiten etwas nach innen biegen, sodass Hörnchen entstehen.

9. Die Croissants mit ausreichend Abstand auf Backbleche (mit Backpapier belegt) legen. Die Croissants zugedeckt nochmals so lange an einem warmen Ort gehen lassen, bis sie sich sichtbar vergrößert haben, etwa 15 Minuten.

10. In der Zwischenzeit den Backofen vorheizen.
Ober-/Unterhitze: etwa 220 °C
Heißluft: etwa 200 °C

11. Zum Bestreichen gezuckerte Kondensmilch mit Milch oder Kondensmilch mit Milch und Zucker sorgfältig verrühren (der Zucker soll sich auflösen). Die Croissants mit der Mischung bestreichen.

12. Die Backbleche nacheinander (bei Heißluft zusammen) in den vorgeheizten Backofen schieben. Croissants **15–20 Minuten je Backblech backen.**

13. Die Croissants mit dem Backpapier auf einen Kuchenrost ziehen. Croissants warm oder kalt servieren.

DUNKLE VOLLKORNBRÖTCHEN

VEGAN

ZUBEREITUNGSZEIT:
45 Minuten, ohne Abkühlzeit

RUHE-/GEHZEIT:
etwa 1 Stunde und 5 Minuten

BACKZEIT:
etwa 30 Minuten je Backblech

ZUTATEN FÜR 16 STÜCK

ZUM VORBEREITEN:
150 g Grünkern
400 ml kaltes Wasser
1 gestr. TL Salz

FÜR DEN HEFETEIG:
250 g Weizen-Vollkornmehl
42 g frische Hefe
1 TL Zucker
225 ml lauwarmes Wasser
200 g Roggenmehl (Type 1150)
1 gestr. TL Salz
1 TL gem. Koriander
1 EL Zuckerrübensirup
(Rübenkraut)

PRO STÜCK:
E: 5 g, F: 1 g, Kh: 27 g, kcal: 142

1. Zum Vorbereiten Grünkern mit Wasser und Salz in einem Topf zum Kochen bringen. Grünkern zugedeckt etwa 30 Minuten bei schwacher Hitze kochen lassen. Anschließend den Deckel abnehmen und so lange köcheln lassen, bis die restliche Flüssigkeit verdampft ist. Grünkern abkühlen lassen.

2. Für den Teig einen Vorteig herstellen. Dafür 1 Esslöffel von dem Weizen-Vollkornmehl in eine Schüssel geben. Zerbröckelte Hefe, Zucker und etwas von dem Wasser hinzufügen, gut verrühren und zugedeckt stehen lassen, etwa 15 Minuten.

3. Beide Mehlsorten, vorbereiteten Grünkern, Salz und Koriander in einer Rührschüssel vermischen. Den gegangenen Vorteig, Zuckerrübensirup und restliches Wasser hinzufügen. Die Zutaten mit einem Mixer (Knethaken) zunächst kurz auf niedrigster, dann auf höchster Stufe in etwa 5 Minuten zu einem glatten Teig verarbeiten.

4. Den Teig leicht mit Mehl bestäuben und zugedeckt so lange an einem warmen Ort gehen lassen, bis er sich sichtbar vergrößert hat, etwa 30 Minuten.

5. Den gegangenen Teig leicht mit Mehl bestäuben, auf der leicht bemehlten Arbeitsfläche nochmals kurz verkneten.

6. Aus dem Teig eine Rolle formen und in 16 gleich große Portionen teilen. Aus jeder Teigportion ein längliches Brötchen formen.

7. Die Teigbrötchen auf 2 Backbleche (mit Backpapier belegt) legen und nochmals zugedeckt so lange an einem warmen Ort gehen lassen, bis sie sich sichtbar vergrößert haben, etwa 20 Minuten.

8. In der Zwischenzeit den Backofen vorheizen.
Ober-/Unterhitze: etwa 200 °C
Heißluft: etwa 180 °C

9. Teigbrötchen auf der Oberseite mit einem scharfen Messer 2-mal schräg einschneiden, nicht drücken. Zunächst mit Wasser bestreichen, dann mit Mehl bestäuben.

10. Die Backbleche nacheinander (bei Heißluft zusammen) in den vorgeheizten Backofen schieben. Die Vollkornbrötchen **etwa 30 Minuten je Backblech backen.**

11. Die Vollkornbrötchen auf Kuchenrosten erkalten lassen.

FAN TANS MIT KRÄUTERN

ZUBEREITUNGSZEIT:
20 Minuten, ohne Abkühlzeit

RUHE-/GEHZEIT:
etwa 1 Stunde

BACKZEIT:
15–20 Minuten

ZUTATEN FÜR 8 STÜCK

ZUM VORBEREITEN:
150 g Buttermilch
80 g Butter oder Margarine

FÜR DEN HEFETEIG:
375 g Weizenmehl (Type 550)
1 Pck. Trockenbackhefe
1 gestr. TL Zucker
2 EL klein geschnittene, gemischte Kräuter, z. B. Petersilie, Rosmarin und Thymian
1 gestr. TL Meersalz
50 g Joghurt (3,5 % Fett)

ZUM BESTREICHEN:
30 g Butter

PRO STÜCK:
E: 7 g, F: 12 g, Kh: 37 g, kcal: 287

1. Zum Vorbereiten Buttermilch erwärmen, die Butter oder Margarine darin zerlassen. Die Buttermilch-Fett-Mischung lauwarm abkühlen lassen.

2. Für den Teig Mehl in eine Rührschüssel geben und mit Trockenbackhefe sorgfältig vermischen. Zucker, Kräuter, Salz, Joghurt und Buttermilch-Fett-Mischung hinzufügen.

3. Die Zutaten mit einem Mixer (Knethaken) zunächst kurz auf niedrigster, dann auf höchster Stufe in etwa 5 Minuten zu einem glatten Teig verarbeiten.

4. Den Teig zugedeckt so lange an einem warmen Ort gehen lassen, bis er sich sichtbar vergrößert hat, etwa 30 Minuten.

5. Zum Bestreichen die Butter zerlassen und lauwarm abkühlen lassen.

6. Den Teig auf der leicht bemehlten Arbeitsfläche nochmals kurz verkneten, dann zu einem Rechteck (etwa 35 x 40 cm) ausrollen. Das Teigrechteck mit etwas von der zerlassenen Butter bestreichen.

7. Teigrechteck zunächst in 7 gleich große Streifen (etwa 5 x 40 cm) schneiden. Die Teigstreifen passgenau übereinanderstapeln. Anschließend den Teigstapel in 8 gleich große Teigstapel (etwa 5 x 5 cm) schneiden.

8. Jeden Teigstapel an einer der Schnittkanten zusammendrücken. Anschließend die Teigstapel mit der zusammengedrückten Schnittkante nach unten so in 8 Mulden einer Muffinform (für 12 Muffins, mit der restlichen Butter gefettet) setzen, dass sich die Stapel oben auffächern. Die Teigschichten dabei eventuell mit den Fingern etwas auseinanderdrücken.

9. Die Fan Tans nochmals zugedeckt so lange an einem warmen Ort gehen lassen, bis sie sich sichtbar vergrößert haben, etwa 30 Minuten.

10. In der Zwischenzeit den Backofen vorheizen.
Ober-/Unterhitze: etwa 200 °C
Heißluft: etwa 180 °C

11. Muffinform auf dem Rost in den vorgeheizten Backofen schieben. Die Fan Tans **15–20 Minuten backen.**

12. Die Form auf einen Kuchenrost stellen. Die Fan Tans etwa 10 Minuten in der Form abkühlen lassen, dann aus der Form lösen und auf einem Kuchenrost (mit Backpapier belegt) erkalten lassen.

FETA-SPINAT-HÖRNCHEN

ZUBEREITUNGSZEIT:
30 Minuten, ohne Abkühlzeit

RUHE-/TEIGGEHZEIT:
etwa 45 Minuten

BACKZEIT:
etwa 25 Minuten

FÜR 8 STÜCK

FÜR DEN HEFETEIG:
450 g Weizenmehl (Type 550)
1 TL Salz
1 EL getrockneter Oregano
42 g frische Hefe
280 ml lauwarmes Wasser
2 EL Olivenöl

FÜR DIE FÜLLUNG:
300 g Baby-Blattspinat, Salz
80 g schwarze Oliven (ohne Stein)
150 g Feta (Schafskäse)
1 Schalotte
1 Knoblauchzehe
1 EL Olivenöl
2–3 TL Gyros-Gewürzmischung
1 TL Bio-Zitronenschale (unbehandelt, ungewachst)
gem. Pfeffer
100 g mildes Ajvar (Paprikapaste)

ZUM BESTREICHEN:
2 EL Schlagsahne (mind. 30% Fett)
1 Eigelb (Größe M)

PRO STÜCK:
E: 13 g, F: 13 g, Kh: 45 g, kcal: 365

1. Für den Vorteig Mehl, Salz und Oregano in einer großen Rührschüssel mischen. In die Mitte eine Vertiefung eindrücken. Die Hefe hineinbröckeln und mit 3 Esslöffeln Wasser verrühren. Den Vorteig zugedeckt an einem warmen Ort etwa 15 Minuten gehen lassen.

2. Übriges Wasser und Öl zum Vorteig geben. Alle Zutaten mit einem Mixer (Knethaken) zunächst auf niedrigster, dann auf höchster Stufe in etwa 5 Minuten zu einem glatten, geschmeidigen Teig verarbeiten. Falls der Teig zu feucht ist, noch etwas Mehl unterkneten.

3. Den Teig leicht mit Mehl bestäuben und zugedeckt so lange an einem warmen Ort gehen lassen, bis er sich sichtbar vergrößert hat, etwa 30 Minuten.

4. Für die Füllung den Spinat putzen, verlesen, abspülen und in kochendem Salzwasser etwa 30 Sekunden blanchieren. Dann abgießen, abschrecken, ausdrücken und fein hacken.

5. Die Oliven in feine Ringe schneiden. Feta würfeln. Schalotten und Knoblauch abziehen, fein würfeln und in einer Pfanne mit dem Öl glasig dünsten. Die Mischung mit Gyros-Gewürz und Zitronenschale würzen, vom Herd nehmen. Spinat, Feta und Oliven unterheben, salzen und pfeffern.

6. Den Backofen vorheizen.
Ober-/Unterhitze: etwa 200 °C
Heißluft: etwa 180 °C

7. Den gegangenen Teig auf der leicht bemehlten Arbeitsfläche kurz verkneten. Den Teig zu einem Kreis (Ø 50 cm) ausrollen und mit Ajvar bestreichen. Die Füllung gleichmäßig darauf verteilen, dabei etwa 2 cm Rand frei lassen.

8. Den Kreis in 8 Tortenstücke schneiden. Die Stücke von der breiten Seite zur Spitze hin zu Hörnchen einrollen und auf ein Backblech (gefettet, mit Backpapier belegt) setzen.

9. Sahne und Eigelb verquirlen und auf die Teigoberfläche streichen.

10. Das Blech in den vorgeheizten Backofen schieben und die Hörnchen **etwa 25 Minuten backen.**

11. Die Hörnchen aus dem Ofen nehmen und auf einem Kuchengitter 5–10 Minuten abkühlen lassen. Lauwarm oder kalt genießen.

TIPPS:
Die Hörnchen eignen sich perfekt als Fingerfood.
Für einen zusätzlichen Schärfe-Kick die milde Paprikapaste durch die scharfe Ajvar-Version ersetzen.

FRANZBRÖTCHEN

ZUBEREITUNGSZEIT:
40 Minuten, ohne Abkühlzeit

RUHE-/GEHZEIT:
etwa 1 Stunde

BACKZEIT:
etwa 18 Minuten

ZUTATEN FÜR 12 STÜCK

FÜR DEN HEFETEIG:
250 ml Milch (3,5 % Fett)
70 g Butter
500 g Weizenmehl
42 g frische Hefe
70 g Zucker
1 Pck. Vanillin-Zucker
1 Ei (Größe M)
1 Prise Salz

FÜR DIE FÜLLUNG:
75 g Butter
100 g Zucker
3 TL gem. Zimt

PRO STÜCK:
E: 6 g, F: 12 g, Kh: 47 g, kcal: 321

1. Für den Teig Milch erwärmen und die Butter darin zerlassen.

2. Das Mehl in eine Rührschüssel geben und in die Mitte eine Vertiefung eindrücken. Die Hefe in die Vertiefung bröckeln.

3. Restliche Zutaten hinzufügen und mit einem Mixer (Knethaken) zunächst kurz auf niedrigster, dann auf höchster Stufe in etwa 5 Minuten zu einem glatten Teig verarbeiten. Den Teig zugedeckt so lange an einem warmen Ort gehen lassen, bis er sich sichtbar vergrößert hat, etwa 1 Stunde.

4. Den Backofen vorheizen.
Ober-/Unterhitze: etwa 180 °C
Heißluft: etwa 160 °C

5. Für die Füllung die Butter zerlassen. Zucker mit Zimt vermischen. Den Teig auf der leicht bemehlten Arbeitsfläche nochmals kurz verkneten und zu einem Rechteck (etwa 50 x 40 cm) ausrollen. Den Teig mit Butter bepinseln, mit der Zucker-Zimt-Mischung bestreuen.

6. Das Rechteck von der längeren Seite aus aufrollen. Die Teigrolle in 12 gleich große Stücke schneiden. Mit einem bemehlten Kochlöffelstiel die Stücke zwischen den Schnittkanten in der Mitte kräftig herunterdrücken, sodass sich die Seiten stark hochwölben. Dann die Brötchen mit der Hand flach drücken. Teigbrötchen auf ein Backblech (mit Backpapier belegt) legen.

7. Das Backblech in den vorgeheizten Backofen schieben. Franzbrötchen **etwa 18 Minuten backen.**

8. Die Franzbrötchen mit dem Backpapier von dem Backblech auf einen Kuchenrost ziehen und lauwarm servieren oder erkalten lassen.

Zucker

KÄSEBRÖTCHEN

ZUBEREITUNGSZEIT:
35 Minuten, ohne Abkühlzeit

RUHE-/GEHZEIT:
etwa 45 Minuten

BACKZEIT:
etwa 25 Minuten

ZUTATEN FÜR 10 STÜCK

FÜR DEN HEFETEIG:
250 g Weizenmehl (Type 550)
175 g Weizenmehl (Type 1050)
1 Pck. Trockenbackhefe
1 gestr. TL Zucker
1 TL Salz
etwas gem. Pfeffer
250 ml lauwarmes Wasser

ZUM BESTREICHEN UND BESTREUEN:
1 Eigelb
1 EL Wasser
75 g grob geraspelter Gouda, mittelalt

PRO STÜCK:
E: 7 g, F: 4 g, Kh: 32 g, kcal: 199

1. Für den Teig beide Mehlsorten in eine Rührschüssel geben und mit der Trockenbackhefe sorgfältig vermischen. Zucker, Salz, Pfeffer und Wasser hinzugeben.

2. Die Zutaten mit einem Mixer (Knethaken) zunächst kurz auf niedrigster, dann auf höchster Stufe in etwa 5 Minuten zu einem glatten Teig verarbeiten. Teig zugedeckt so lange an einem warmen Ort gehen lassen, bis er sich sichtbar vergrößert hat, etwa 25 Minuten.

3. Den Teig leicht mit Mehl bestäuben, auf der leicht bemehlten Arbeitsfläche nochmals kurz verkneten und in 10 gleich große Portionen teilen. Aus den Teigportionen Brötchen formen.

4. Die Teigbrötchen auf ein Backblech (mit Backpapier belegt) legen und zugedeckt nochmals so lange an einem warmen Ort gehen lassen, bis sie sich sichtbar vergrößert haben, etwa 20 Minuten.

5. In der Zwischenzeit den Backofen vorheizen.
Ober-/Unterhitze: etwa 180 °C
Heißluft: etwa 160 °C

6. Zum Bestreichen das Eigelb mit 1 Esslöffel Wasser verschlagen. Die Brötchen damit bestreichen, dann mit Käse bestreuen.

7. Das Backblech in den vorgeheizten Backofen schieben und die Käsebrötchen **etwa 25 Minuten backen.**

8. Die Käsebrötchen auf Kuchenrosten erkalten lassen.

KLEINE FOUGASSES MIT KRÄUTERN

ZUBEREITUNGSZEIT:
25 Minuten, ohne Abkühlzeit

RUHE-/GEHZEIT:
etwa 1 Stunde und 40 Minuten

BACKZEIT:
etwa 15 Minuten je Backblech

ZUTATEN FÜR 6 STÜCK

FÜR DEN HEFETEIG:
350 ml lauwarmes Wasser
15 g frische Hefe
75 g Parmesan
15 Stängel Thymian
6 Stängel Salbei
500 g Weizenmehl (Type 550)
2 TL Salz
25 ml Olivenöl

PRO STÜCK:
E: 13 g, F: 9 g, Kh: 61 g, kcal: 380

1. Für den Teig Wasser in ein Gefäß geben, Hefe hineinbröckeln, kurz mit einer Gabel verrühren. Das Hefewasser etwa 10 Minuten stehen lassen.

2. Inzwischen Parmesan fein reiben. Thymian und Salbei abspülen und trocken tupfen. Jeweils etwa die Hälfte der Blättchen von den Stängeln zupfen und fein hacken.

3. Das Hefewasser gut verrühren. Mehl, Salz, Hälfte vom Parmesan, gehackte Kräuter, Olivenöl und das Hefewasser in eine Rührschüssel geben. Die Zutaten mit einem Mixer (Knethaken) zunächst kurz auf niedrigster, dann auf höchster Stufe in etwa 5 Minuten zu einem glatten, elastischen Teig verarbeiten. Den Teig zu einer Kugel formen und zugedeckt so lange an einem warmen Ort gehen lassen, bis sie sich sichtbar vergrößert hat, etwa 1 ½ Stunden.

4. Den Backofen vorheizen.
Ober-/Unterhitze: etwa 225 °C
Heißluft: nicht empfehlenswert

5. Den recht weichen Teig auf der leicht bemehlten Arbeitsfläche in 6 gleich große Portionen teilen. Jede Teigportion zu einem ovalen, etwa 2 cm dicken Fladen formen. Jeweils 3 Teigfladen auf ein Backblech (mit Backpapier belegt) legen. Jeden Teigfladen innen auf beiden Seiten 3-mal schräg einschneiden. Anschließend den Fladen an einem Ende etwas in die Länge ziehen, sodass eine Blattform entsteht. Die restlichen Fladen ebenso formen.

6. Die restlichen Kräuterblättchen fein hacken und mit dem übrigen Parmesan vermischen. Die Teigfladen mit der Kräuter-Parmesan-Mischung bestreuen.

7. Ein Backblech in den vorgeheizten Backofen (unteres Drittel) schieben. Die Fougasse **etwa 15 Minuten je Backblech goldbraun backen.**

8. Die Fougasses mit dem Backpapier von dem Backblech auf einen Kuchenrost ziehen und erkalten lassen.

9. Die restlichen Fougasses ebenso backen und erkalten lassen.

TIPPS:
Servieren Sie die Fougasses mit etwas Olivenöl, Fleur de Sel und Oliven. Ein Glas Rotwein passt gut dazu.
Fougasses schmecken frisch am besten, können aber am Vortag bis einschließlich Punkt 3 vorbereitet werden. Den Teig dann nicht an einem warmen Ort, sondern zugedeckt im Kühlschrank nachts gehen lassen und wie im Rezept beschrieben backen.

KÜRBISKERNBRÖTCHEN

ZUBEREITUNGSZEIT:
45 Minuten, ohne Abkühlzeit

RUHE-/GEHZEIT:
etwa 1 Stunde und 45 Minuten

BACKZEIT:
25–30 Minuten

ZUTATEN FÜR 16 STÜCK

ZUM VORBEREITEN:
100 g Kürbiskerne

FÜR DEN TEIG:
250 g Weizenmehl (Type 405)
200 g Weizenmehl (Type 1050)
42 g frische Hefe
300 ml warmes Wasser
1 TL Zucker
1 gestr. TL Salz
2 EL Olivenöl

PRO STÜCK:
E: 8 g, F: 7 g, Kh: 21 g, kcal: 188

1. Die Kürbiskerne in einer Pfanne ohne Fett unter Wenden goldbraun rösten, auf einen Teller geben und erkalten lassen.

---

2. Für den Teig beide Mehlsorten in eine Rührschüssel geben und in die Mitte eine Vertiefung eindrücken. Hefe hineinbröckeln, mit etwas Wasser und Zucker verrühren und etwa 15 Minuten stehen lassen.

---

3. Anschließend die Hälfte der Kürbiskerne, Salz, restliches Wasser und das Öl hinzufügen und mit einem Mixer (Knethaken) zunächst kurz auf niedrigster, dann auf höchster Stufe in etwa 5 Minuten zu einem glatten Teig verarbeiten. Den Teig zugedeckt so lange an einem warmen Ort gehen lassen, bis er sich sichtbar vergrößert hat, etwa 30 Minuten.

---

4. Den Teig leicht mit Mehl bestäuben und auf der leicht bemehlten Arbeitsfläche zu einer langen Rolle formen. Die Teigrolle in 16 gleich große Portionen teilen. Jede Portion zu einer Kugel formen und mit Abstand zueinander auf ein Backblech (mit Backpapier belegt) setzen. Teigkugeln mit kaltem Wasser bestreichen und restliche Kürbiskerne daraufstreuen. Die Teigbrötchen zugedeckt so lange an einem warmen Ort gehen lassen, bis sie sich sichtbar vergrößert haben, etwa 1 Stunde.

---

5. In der Zwischenzeit den Backofen vorheizen.
Ober-/Unterhitze: etwa 200 °C
Heißluft: etwa 180 °C

---

6. Das Backblech in den vorgeheizten Backofen schieben. Die Brötchen **25–30 Minuten backen.**

---

7. Die Brötchen mit dem Backpapier von dem Backblech auf einen Kuchenrost ziehen. Brötchen etwas abkühlen lassen und warm oder kalt servieren.

LAUGENBREZELN

ZUBEREITUNGSZEIT:
50 Minuten

RUHE-/GEHZEIT:
etwa 40 Minuten

BACKZEIT:
15–20 Minuten je Backblech

ZUTATEN FÜR 10 STÜCK

FÜR DEN HEFETEIG:
400 g Weizenmehl (Type 550)
42 g frische Hefe
1 TL Zucker
250 ml lauwarmes Wasser
1 gestr. TL Salz

FÜR DIE LAUGE:
1 l Wasser
30 g Natron

ZUM BESTREUEN:
evtl. Hagelsalz
evtl. Kümmelsamen
evtl. ger. Gouda

PRO STÜCK:
E: 5 g, F: 0 g, Kh: 32 g, kcal: 156

1. Für den Teig Mehl in eine Rührschüssel geben. In die Mitte eine Vertiefung eindrücken. Hefe hineinbröckeln, mit Zucker und etwas Wasser verrühren und etwa 10 Minuten stehen lassen.

2. Restliches Wasser und Salz hinzugeben. Die Zutaten mit einem Mixer (Knethaken) zunächst kurz auf niedrigster, dann auf höchster Stufe in etwa 5 Minuten zu einem glatten Teig verarbeiten. Den Teig leicht mit Mehl bestäuben und zugedeckt so lange an einem warmen Ort gehen lassen, bis er sich sichtbar vergrößert hat, etwa 30 Minuten.

3. Teig leicht mit Mehl bestäuben und auf der leicht bemehlten Arbeitsfläche nochmals kurz verkneten. Den Teig in 10 gleich große Portionen teilen.

4. Den Backofen vorheizen.
Ober-/Unterhitze: etwa 200 °C
Heißluft: etwa 180 °C

5. Die Teigportionen jeweils zu etwa 60 cm langen Rollen formen, dann zu Brezeln schlingen.

6. Für die Lauge das Wasser in einem hohen Topf zum Kochen bringen. Den Topf von der Kochstelle nehmen und das Natron nach und nach vorsichtig einrühren (die Lauge sprudelt stark).

7. Die Teigbrezeln jeweils mithilfe einer Teigkarte auf eine Schaumkelle legen und etwa 10 Sekunden in die Lauge tauchen. Die Schaumkelle dabei schwenken, damit das Teigstück schwimmt.

8. Die Teigbrezeln mit der Schaumkelle herausnehmen und darauf abtropfen lassen.

9. Die Teigbrezeln auf 2 Backbleche (mit Backpapier belegt) legen. Nach Belieben mit Salz, Kümmel oder Käse bestreuen.

10. Backbleche nacheinander (bei Heißluft zusammen) in den vorgeheizten Backofen schieben. Die Brezeln **15–20 Minuten je Backblech backen.**

11. Brezeln mit dem Backpapier auf Kuchenroste ziehen. Brezeln erkalten lassen.

TIPP:
Der Teig kann auch zu Stangen (Teigstücke dann zu 12–15 cm langen Rollen formen), Ringen (wie Stangen, dann an den Enden zusammendrücken) oder Brötchen (Teigstücke zu Bällchen formen) weiterverarbeitet werden. Laugenbrötchen vor dem Backen mit einem scharfen Messer etwa 1 cm tief einschneiden.

MILCHBRÖTCHEN

ZUBEREITUNGSZEIT:
30 Minuten, ohne Abkühlzeit

RUHE-/GEHZEIT:
etwa 2 Stunden und 15 Minuten

BACKZEIT:
15–20 Minuten je Backblech

ZUTATEN FÜR 24 STÜCK

FÜR DEN HEFETEIG:
300 ml Milch (3,5 % Fett)
50 g Schlagsahne
(mind. 30 % Fett)
100 g Zucker
1 Pck. Trockenbackhefe
250 g Weizenmehl (Type 405)
500 g Weizenmehl (Type 550)
3 Eier (Größe M)
150 g Butter (zimmerwarm)
1 Prise Salz

ZUM BESTREICHEN:
etwas Milch (3,5 % Fett)

PRO STÜCK:
E: 5 g, F: 7 g, Kh: 30 g, kcal: 204

1. Für den Hefeteig Milch und Sahne erwärmen, in eine Rührschüssel gießen. 1–2 Teelöffel Zucker und Trockenbackhefe sorgfältig unterrühren, etwa 15 Minuten gehen lassen.

2. Mehle (Type 405 und 550), Eier, Butter, restlichen Zucker und Salz in die Schüssel geben, aber nicht verrühren.

3. Die Zutaten mit einem Mixer (Knethaken) zunächst kurz auf niedrigster, dann auf höchster Stufe in etwa 5 Minuten zu einem glatten, elastischen Teig verarbeiten. Den Teig zugedeckt an einem warmen Ort gehen lassen, etwa 60 Minuten.

4. Den gegangenen Teig dünn mit Mehl bestäuben, aus der Schüssel nehmen, auf der bemehlten Arbeitsfläche nochmals kurz durchkneten und zu einer etwa 70 cm langen Rolle formen. Teigrolle in etwa 24 gleich große Stücke schneiden.

5. Aus den Teigstücken Brötchen formen. Diese mit etwas Abstand zueinander auf 2 Backbleche (mit Backpapier belegt) legen. Zugedeckt nochmals an einem warmen Ort gehen lassen, etwa 60 Minuten.

6. In der Zwischenzeit den Backofen vorheizen.
Ober-/Unterhitze: etwa 200 °C
Heißluft: etwa 180 °C

7. Die Brötchen vor dem Backen mit Milch bestreichen und mit einer Schere kreuzweise einschneiden.

8. Die Backbleche nacheinander (bei Heißluft zusammen) in den vorgeheizten Backofen schieben. Dabei die Backofentemperatur um etwa 20 °C herunterschalten. Die Brötchen **15–20 Minuten je Backblech backen.**

9. Die Brötchen vom Backpapier nehmen, auf einen Kuchenrost legen und erkalten lassen.

ROLLENBRÖTCHEN

ZUBEREITUNGSZEIT:
1 Stunde, ohne Abkühlzeit

RUHE-/GEHZEIT:
etwa 1 Stunde und 10 Minuten

BACKZEIT:
25–30 Minuten

ZUTATEN FÜR 8 STÜCK

FÜR DEN HEFETEIG:
370 g Weizenmehl (Type 550)
1 Pck. Trockenbackhefe
1 TL Zucker
1 TL Salz
200 ml lauwarmes Wasser
50 g Butter oder Margarine (zimmerwarm)

FÜR DIE FÜLLUNG:
200 g Butter (zimmerwarm)
50 g Weizenmehl (Type 550)
2 EL Schwarzkümmelsamen
1–2 TL Paprikapulver edelsüß
½ TL Paprikapulver rosenscharf

PRO STÜCK:
E: 6 g, F: 27 g, Kh: 39 g, kcal: 422

1. Für den Teig Mehl in eine Rührschüssel geben und mit Trockenbackhefe sorgfältig vermischen. Danach Zucker, Salz, Wasser und Butter oder Margarine hinzufügen.

2. Die Zutaten mit einem Mixer (Knethaken) zunächst kurz auf niedrigster, dann auf höchster Stufe in etwa 5 Minuten zu einem glatten Teig verarbeiten.

3. Den Teig zugedeckt so lange an einem warmen Ort gehen lassen, bis er sich sichtbar vergrößert hat, etwa 20 Minuten.

4. In der Zwischenzeit für die Füllung Butter in eine Rührschüssel geben. Mehl, Schwarzkümmel sowie Paprikapulver edelsüß und rosenscharf hinzufügen und mit dem Mixer (Knethaken) zu einer glatten Masse verkneten.

5. Die Buttermasse zwischen 2 Lagen Frischhaltefolie zu einem Rechteck (etwa 18 x 15 cm) ausrollen. Butterplatte in den Kühlschrank legen, mindestens 15 Minuten.

6. Den gegangenen Teig leicht mit Mehl bestäuben und auf der leicht bemehlten Arbeitsfläche nochmals kurz verkneten. Den Teig zu einem Rechteck (etwa 38 x 16 cm) ausrollen.

7. Die erkaltete, feste Butterfüllung in die Mitte des Teigrechtecks legen. Teigränder darüberschlagen und andrücken.

8. Teig wieder zu einem Rechteck (etwa 38 x 16 cm) ausrollen. Die beiden kurzen Seiten zur Teigmitte klappen, sodass 3 Schichten übereinanderliegen.

9. Den Teig wieder zu einem Rechteck (etwa 38 x 16 cm) ausrollen, kurze Seiten wieder auf die Teigmitte legen und den Teig zugedeckt etwa 15 Minuten in den Kühlschrank legen.

10. Teig auf der leicht bemehlten Arbeitsfläche zu einem Rechteck (etwa 40 x 20 cm) ausrollen und von der langen Seite aus aufrollen.

11. Die Rolle in 8 gleich große Stücke schneiden. Jedes Stück in der Mitte mit einem Kochlöffelstiel leicht eindrücken.

12. Teigbrötchen auf ein Backblech (mit Backpapier belegt) legen, dann nochmals zugedeckt so lange an einem warmen Ort gehen lassen, bis sie sich sichtbar vergrößert haben, etwa 20 Minuten.

13. In der Zwischenzeit den Backofen vorheizen.
Ober-/Unterhitze: etwa 200 °C
Heißluft: etwa 180 °C

14. Backblech in den vorgeheizten Backofen schieben. Die Rollenbrötchen **25–30 Minuten backen.**

15. Rollenbrötchen mit dem Backpapier von dem Backblech auf einen Kuchenrost ziehen und darauf erkalten lassen.

SCHNELLE BRÖTCHEN

ZUBEREITUNGSZEIT:
45 Minuten

BACKZEIT:
etwa 20 Minuten

ZUTATEN FÜR 12 STÜCK

FÜR DEN QUARK-ÖL-TEIG:
300 g Weizenmehl (Type 550)
1 Pck. Backpulver
150 g Magerquark
100 ml Milch (1,5 % Fett)
100 ml Sonnenblumenöl
80 g Zucker
1 Prise Salz

ZUM BESTREICHEN UND BESTREUEN:
1 Ei (Größe M)
1 EL Wasser oder Milch
100 g Sonnenblumenkerne

PRO STÜCK:
E: 7 g, F: 13 g, Kh: 28 g, kcal: 264

1. Für den Teig Mehl mit Backpulver in einer Rührschüssel mischen. Restliche Teigzutaten hinzugeben, mit einem Mixer (Knethaken) zunächst kurz auf niedrigster, dann auf höchster Stufe in etwa 1 Minute zu einem Teig verarbeiten (nicht zu lange, Teig klebt sonst).

2. Den Teig auf die leicht bemehlte Arbeitsfläche geben und erst kurz zu einem glatten Teig verkneten, dann zu einer Rolle formen.

3. Den Backofen vorheizen.
Ober-/Unterhitze: etwa 200 °C
Heißluft: etwa 180 °C

4. Die Teigrolle in 12 gleich große Scheiben schneiden. Aus jeder Teigscheibe mit leicht bemehlten Händen kugelförmige Teigbrötchen formen.

5. Ei mit Wasser oder Milch verschlagen. Die Teigbrötchen auf der Unterseite damit bestreichen und mit der Unterseite in die Sonnenblumenkerne drücken. Die Teigbrötchen mit der Kernseite nach unten mit etwas Abstand zueinander auf ein Backblech (mit Backpapier belegt) legen.

6. Die Teigbrötchen mit dem restlichen verschlagenen Ei bestreichen. Restliche Sonnenblumenkerne daraufstreuen.

7. Das Backblech in den vorgeheizten Backofen schieben. Die Brötchen **etwa 20 Minuten backen.**

8. Die Brötchen mit dem Backpapier von dem Backblech auf einen Kuchenrost ziehen und erkalten lassen.

REZEPTVARIANTE:
Für schnelle Hörnchen den Teig wie beschrieben zubereiten und in 12 gleich große Scheiben teilen. Aus jeder Teigscheibe eine Stange (etwa 18 cm lang) formen, dabei die Stangenenden etwas dünner formen. Stangen zu Hörnchen formen und auf das vorbereitete Backblech legen. 1 Eigelb mit 1 Esslöffel Wasser verschlagen. Die Teighörnchen damit bestreichen und mit je 2 Esslöffeln Mohn- oder Sesamsamen bestreuen. Die Hörnchen wie angegeben backen und erkalten lassen.

SCONES

ZUBEREITUNGSZEIT:
20 Minuten, ohne Abkühlzeit

BACKZEIT:
etwa 25 Minuten

ZUTATEN FÜR 12 STÜCK

FÜR DEN TEIG:
350 g Weizenmehl (Type 550)
4 gestr. TL Backpulver
1 gestr. TL Salz
2 gestr. TL Zucker
200 g Buttermilch (1,5 % Fett)
100 g Butter (zimmerwarm)

ZUM BESTREICHEN:
1 Eigelb (Größe M)
1 EL Milch (3,5 % Fett) oder Schlagsahne (mind. 30 % Fett)

PRO STÜCK:
E: 4 g, F: 8 g, Kh: 23 g, kcal: 180

1. Für den Teig das Mehl mit Backpulver, Salz und Zucker in einer Rührschüssel vermischen. Buttermilch und Butter hinzufügen und alle Zutaten mit dem Mixer (Knethaken) in etwa 3 Minuten zu einem glatten Teig verarbeiten.

2. Den Backofen vorheizen.
Ober-/Unterhitze: etwa 180 °C
Heißluft: etwa 160 °C

3. Den Teig auf der leicht bemehlten Arbeitsfläche nochmals kurz verkneten. Teig zu einem Rechteck (etwa 15 x 20 cm) ausrollen und in 12 Quadrate (je etwa 5 x 5 cm) schneiden. Die Teigquadrate mit etwas Abstand zueinander auf ein Backblech (gefettet, mit Backpapier belegt) legen.

4. Zum Bestreichen Eigelb und Milch oder Sahne verschlagen. Die Teigquadrate mit der Mischung bestreichen.

5. Das Backblech in den vorgeheizten Backofen schieben. Die Scones **etwa 25 Minuten backen.**

6. Die Scones auf einen Kuchenrost legen und erkalten lassen.

TIPPS:
Scones sind ein aus England stammendes traditionelles Gebäck, das dort gern zusammen mit Clotted Cream und Strawberry Jam serviert wird. Man nennt diese Spezialität dort Cream Tea. Serviert wird sie zwischen Mittagessen und Abendbrot, in etwa wie bei uns Kaffee und Kuchen.
Cream Tea bekommt man häufig in Devon und Cornwall, den beiden englischen Grafschaften, die eine lange Tradition in der Milchwirtschaft haben.
Clotted Cream ist hier bei uns leider nicht überall gut zu bekommen. Sie kann allerdings sehr gut durch Crème double ersetzt werden.
Perfekt wird der Genuss mit Erdbeerkonfitüre, am besten mit selbstgemachter.

SONNENBLUMENKERN-BRÖTCHEN

VEGAN

ZUBEREITUNGSZEIT:
30 Minuten, ohne Abkühlzeit

RUHE-/GEHZEIT:
etwa 1 ½ Stunden

BACKZEIT:
etwa 25 Minuten

ZUTATEN FÜR 12 STÜCK

ZUM VORBEREITEN:
100 g Sonnenblumenkerne

FÜR DEN HEFE-SAUERTEIG:
300 g Weizen-Vollkornmehl
200 g Roggen-Vollkornmehl
1 Pck. Trockenbackhefe
1 gestr. TL Zucker
1 geh. TL Salz
etwa 375 ml lauwarmes Wasser
1 Pck. Sauerteig-Extrakt (15 g)

PRO STÜCK:
E: 7 g, F: 3 g, Kh: 29 g, kcal: 185

1. Zum Vorbereiten die Sonnenblumenkerne in einer Pfanne ohne Fett unter Wenden goldbraun rösten. Kerne auf einen Teller geben. 1–2 Esslöffel von den Sonnenblumenkernen zum Garnieren beiseitestellen.

2. Für den Teig beide Mehlsorten in eine Rührschüssel geben und mit der Trockenbackhefe sorgfältig vermischen. Zucker, Salz, Wasser und Sauerteig-Extrakt hinzufügen und alles mit dem Mixer (Knethaken) kurz auf niedrigster, dann auf höchster Stufe in etwa 5 Minuten zu einem glatten Teig verarbeiten. Zuletzt die Sonnenblumenkerne unterarbeiten. Den Teig mit Mehl bestäuben und zugedeckt so lange an einem warmen Ort gehen lassen, bis er sich sichtbar vergrößert hat, etwa 45 Minuten.

3. Den Teig mit Mehl bestäuben und auf der leicht bemehlten Arbeitsfläche nochmals kurz verkneten und zu einer Rolle formen. Die Teigrolle in 12 gleich große Stücke schneiden. Jedes Teigstück zu einem runden Brötchen formen.

4. Die Teigbrötchen mit etwas Abstand zueinander auf ein Backblech (gefettet, mit Backpapier belegt) legen und mit Wasser bestreichen. Die beiseitegelegten Sonnenblumenkerne auf die Teigbrötchen streuen und leicht andrücken. Die Brötchen zugedeckt so lange an einem warmen Ort gehen lassen, bis sie sich sichtbar vergrößert haben, etwa 45 Minuten.

5. Den Backofen vorheizen.
Ober-/Unterhitze: etwa 200 °C
Heißluft: etwa 180 °C

6. Das Backblech in den vorgeheizten Backofen schieben. Die Brötchen **etwa 25 Minuten backen.**

7. Die Brötchen auf den Kuchenrost legen und erkalten lassen.

TIPPS:
Wer zum Frühstück frische Sauerteigbrötchen haben möchte, sollte den Hefe-Sauerteig schon am Vorabend ansetzen und über Nacht bei 18–20 °C gehen lassen. Am nächsten Tag die Brötchen formen, mit den Kernen bestreuen, erneut gehen lassen und backen.
Servieren Sie die Sonnenblumenkern-Brötchen mit Kräuterquark.

ZWIEBEL-, SPECK- ODER KRÄUTERBRÖTCHEN

ZUBEREITUNGSZEIT:
35 Minuten, ohne Abkühlzeit

RUHE-/GEHZEIT:
etwa 55 Minuten

BACKZEIT:
etwa 25 Minuten

ZUTATEN FÜR 12 STÜCK

FÜR DIE ZWIEBELBRÖTCHEN:
30 g Butter, 250 g Zwiebeln

FÜR DIE SPECKBRÖTCHEN:
1 EL Speiseöl, 100 g Speckwürfel

FÜR DIE KRÄUTERBRÖTCHEN:
je ½ Bund Petersilie, Schnittlauch und Dill

FÜR DEN HEFETEIG:
200 g Weizenmehl (Type 550)
200 g Roggenmehl (Type 1150)
1 Pck. Trockenbackhefe
1 TL Zucker, 2 gestr. TL Salz
1 gestr. TL gem. Pfeffer
3 EL Speiseöl
300 ml lauwarmes Wasser

PRO STÜCK:
E: 4 g, F: 5 g, Kh: 26 g, kcal: 172 (Zwiebelbrötchen);
E: 5 g, F: 6 g, Kh: 25 g, kcal: 181 (Speckbrötchen);
E: 4 g, F: 3 g, Kh: 25 g, kcal: 148 (Kräuterbrötchen)

1. **Für Zwiebelbrötchen** Zwiebeln abziehen und fein würfeln. Die Butter zerlassen. Die Zwiebelwürfel darin andünsten und abkühlen lassen.

2. **Für Speckbrötchen** Speiseöl in einer Pfanne erhitzen. Die Speckwürfel darin anbraten und abkühlen lassen.

3. **Für Kräuterbrötchen** Petersilie, Schnittlauch und Dill abspülen, trocken tupfen und klein schneiden.

4. Für den Teig beide Mehlsorten in eine Rührschüssel geben und mit Trockenbackhefe sorgfältig vermischen. Restliche Zutaten für den Teig hinzufügen und alles mit einem Mixer (Knethaken) zunächst kurz auf niedrigster, dann auf höchster Stufe in etwa 5 Minuten zu einem glatten Teig verarbeiten.

5. Je nach gewünschter Brötchensorte die vorbereiteten Zutaten kurz vor dem Ende der Knetzeit kurz unterkneten.

6. Den Teig zugedeckt so lange an einem warmen Ort gehen lassen, bis er sich sichtbar vergrößert hat, etwa 30 Minuten.

7. Anschließend den Teig leicht mit Mehl bestäuben und auf der leicht bemehlten Arbeitsfläche nochmals kurz verkneten.

8. Den Teig zu einer Rolle formen, in 12 gleich große Portionen teilen, jeweils zu Brötchen formen und auf ein Backblech (mit Backpapier belegt) legen.

9. Die Oberfläche der Brötchen kreuzweise mit einem scharfen Messer etwa 1 cm tief einschneiden, nicht drücken. Die Brötchen zugedeckt nochmals an einem warmen Ort gehen lassen, bis sie sich sichtbar vergrößert haben, etwa 25 Minuten.

10. In der Zwischenzeit den Backofen vorheizen.
Ober-/Unterhitze: etwa 200 °C
Heißluft: etwa 180 °C

11. Das Backblech in den vorgeheizten Backofen schieben. Die Brötchen **etwa 25 Minuten backen.**

12. Die Brötchen auf einem Kuchenrost erkalten lassen.

TIPP:
Für die Kräuterbrötchen können Sie auch jeweils 2 Esslöffel tiefgekühlte Petersilie, Schnittlauch und Dill verwenden.

KAPITELREGISTER

ALPHABETISCHES REGISTER

SACHREGISTER

IMPRESSUM

HINTER JEDEM TOLLEN BUCH STECKT EIN STARKES TEAM

Projektleitung: *Karin Boonk*
Lektorat: *Angelika Ilies, Langen*
Rezeptentwicklung und -beratung:
Martina Kittler, München
Texte und Ratgeber: *Angelika Ilies, Langen*
Nährwertberechnungen: *Nutri Service, Hennef; Angelika Ilies, Langen; Martina Kittler, München*
Titelgestaltung, Layout und Satz:
Büro 18, Friedberg/Bayern
Herstellung: *Frank Jansen*
Producing: *Jan Russok*
Druck & Bindung: *aprinta druck GmbH, Wemding*

UNSER VERLAGSHAUS

Mit Standorten in München, Hamburg und Berlin zählt die Edel Verlagsgruppe zu den größten unabhängigen Buchanbietern Deutschlands. Zur Edel Verlagsgruppe gehört unter anderem ZS mit seinen Lizenzmarken Dr. Oetker Verlag, Kochen & Genießen und Phaidon by ZS.

Die Bücher und E-Books unter der Marke Dr. Oetker Verlag erscheinen als Lizenz in der Edel Verlagsgruppe GmbH
www.oetker-verlag.de
www.facebook.com/Dr.OetkerVerlag
www.instagram.com/Dr.OetkerVerlag

FÜR DIE UMWELT

ZS unterstützt bei der Produktion dieses Buches das Projekt „Junge Riesen für die nächsten 100 Jahre" im Naturpark Nossentiner/Schwinzer Heide. Damit wird ein Anteil der unvermeidbaren CO_2-Emissionen im direkten Umfeld des Produktionsstandortes kompensiert.

PARTNER Naturpark Nossentiner/Schwinzer Heide
www.optimal-media.com/naturschutzprojekt-001

LIEBE LESERINNEN, LIEBE LESER,

seit 130 Jahren gibt es Dr. Oetker Bücher, viele davon sind seit Jahrzehnten im Programm. Mit jedem Buch, mit jeder Aktu-alisierung eines unserer Klassiker erfin-den wir uns neu. Was bleibt, ist immer der Kern unserer Bücher: praktisch müssen sie sein und funktionieren muss alles. Gerne auch mal den einen oder anderen Kniff anbieten, den Sie vielleicht noch nicht kannten. Deshalb kommen Ihnen die Dr. Oetker Bücher so modern und frisch und doch so vertraut vor.

Viel Spaß und viel Erfolg wünschen wir Ihnen auch mit diesem Buch.
Ihre Dr. Oetker Verlagsredaktion

2. Auflage 2022

Kaiserstraße 14 b
D–80801 München
ISBN: 978-3-7670-1825-9

BILDNACHWEIS

Titelfoto: StockFood / Urban, Martina
Foodfotografie: Barbara Bonisolli, München (S. 11, 25, 27, 39, 41, 45, 51, 57, 59, 63, 65, 85, 91, 95, 99, 102, 103, 105, 109, 111, 115, 117, 121, 123, 125, 129, 131, 133, 135, 151, 153, 155, 159, 167, 173, 175, 181, 183, 187, 191, 193)
Walter Cimbal, Hamburg (S. 4, 5, 8, 29, 31, 49, 55, 69, 75, 83, 87, 101, 107, 113, 119, 127, 141, 145, 147, 149, 163)
Studio Diercks Media GmbH (Silje Paul, Kai Boxhammer), Hamburg (S. 10, 13 rechts, 18, 21, 22, 23, 27, 33, 35, 43, 53, 61, 71, 73, 77, 79, 81, 89, 143, 156, 157, 161, 169, 171, 177, 185, 195)
Eising Studio Food Photo & Video, München (S. 6, 7, 12 links, 13 mittig, 15, 16, 20, 47, 67, 93, 189, 138, 139)
Antje Plewinski, Berlin (S. 12 rechts, 97, 137, 165, 179)
StockFood / für ZS Verlag / Westermann, Jan-Peter (S. 17 mittig)
StockFood / Johnér (S. 17 links)
StockFood / Persson, Per Magnus (S. 14)
StockFood / PhotoCuisine / Clément, Denis (S. 15)